Konstantinos Feslidis

•

Wir alle sprechen und denken Griechisch

Konstantinos Feslidis

Wir alle sprechen und denken Griechisch

Der Einfluss der griechischen Sprache auf Deutschland und Europa

FRIELING

Dieses Buch widme ich meinen Eltern, deren einziges Tun und Trachten als Arbeiter in der Bundesrepublik Deutschland darauf konzentriert war, mir und meinem Bruder eine bessere Zukunft zu ermöglichen.

Bibliografische Information der Deutschen Nationalbibliothek
Die Deutsche Nationalbibliothek verzeichnet diese Publikation in der Deutschen Nationalbibliografie;
detaillierte bibliografische Daten sind im Internet
über http://dnb.d-nb.de abrufbar.

Eine Marke der Frieling & Huffmann GmbH & Co. KG
Rheinstraße 46, 12161 Berlin
Telefon: 0 30 / 76 69 99-0
www.frieling.de

ISBN 978-3-8280-3314-6
1. Auflage 2016
Umschlaggestaltung: Michael Reichmuth
Bildnachweis: siehe Seite 74

Danksagung

Meiner Frau Elke Hölzer-Feslidis danke ich ganz herzlich. Sie hat mich zu der Arbeit an diesem Essay ermuntert und ihn in vielerlei Hinsicht erst ermöglicht. Dank sage ich auch Gabriele Schmidt-Wilpert für ihre freundschaftliche Unterstützung.

Inhaltsverzeichnis

Eine Anekdote vorab

Sprache verbindet Menschen, heißt es. Demnach ist zu schlussfolgern, dass sie es möglich macht, sich mit anderen Menschen auszutauschen und die Gedanken, Gefühle und Wünsche zu transportieren, denn wie Antoine de Rivarol treffend formulierte, ist „Sprache äußeres Denken, das Denken innere Sprache."[1]

Aber gesprochene Äußerungen führen häufig zu Missverständnissen, weil sie anders verstanden werden können als sie gemeint sind. Goethe soll einmal gesagt haben: „Wer Fremdsprachen nicht kennt, weiß nichts von seiner eigenen."

An dieser Stelle möchte ich eine Anekdote[2] (grch. ἀνέκδοτον, *anékdoton*, dt. nicht herausgegeben, nicht veröffentlicht) erzählen, die illustriert, welche folgenschweren Auswirkungen Fremdsprachenunkenntnis haben kann:

Bei einem Treffen zwischen der Bundeskanzlerin und dem griechischen Premier bezüglich der Schuldenkrise in Griechenland, wo beide in einer lockeren Atmosphäre griechischen Wein getrunken haben, soll die „Mutti" den griechischen Premier zum Schluss gefragt haben, ob er denn das Reformpaket für

---

1 Antoine Comte de Rivarol (1753–1801), französischer Moralist und Übersetzer, Quelle: http://aphorismen.de/zitat/73244

2 Der Begriff leitet sich aus dem Griechischen ab (ἀνέκδοτον, anékdoton) und ist in etwa mit „nicht herausgegeben" zu übersetzen. Diese Übersetzung verweist auf den Ursprung des Wortes. Erstmalig gebrauchte Prokopios von Caesarea im 6. Jahrhundert das Wort, als er unter dem Titel Anekdota Klatsch- und Tratschgeschichten über Kaiser Justinian I. veröffentlichte. Diese wurden jedoch aus verständlichen Gründen erst nach dem Ableben des Kaisers herausgegeben, denn es drohte die Gefahr, dass man Prokopios dafür einen Kopf kürzer machen würde. In der Umgangssprache bezeichnet „Anekdote" die Schilderung eines kuriosen, ungewöhnlichen oder komischen Ereignisses.

sein Land akzeptieren würde. Er, der Ministerpräsident, soll mit *nee* (grch. ναι), was übersetzt *ja* heißt, geantwortet haben. Die „Mutti", der griechischen Sprache nicht mächtig, assoziierte das phonetisch ähnlich klingende deutsche Wort „nee", nämlich nein. Daraufhin verließ sie entrüstet den Verhandlungsraum, gefolgt vom griechischen Premier, der die Welt nicht mehr verstand. Daraufhin sollte das griechische Volk in einem Referendum darüber befinden, ob der Premier „ναι" (nee), dt. *ja*, zum Reformpaket der Kanzlerin gemeint haben könnte. Das griechische Volk entschied im Referendum mit *jein*.

Wir alle sprechen und denken Griechisch

Wir alle sprechen und denken Griechisch? Viele von Ihnen werden das bestreiten oder mindestens ziemlich übertrieben finden. Deshalb möchte ich in diesem Buch den Einflüssen des Griechischen auf die deutsche Sprache nachspüren und zeigen, wie präsent Griechisch im Vokabular, in Redewendungen und Bildern der deutschen Standardsprache ist. Können wir möglicherweise sogar von einer Affinität, einem Verwandtschaftsverhältnis zwischen dem Griechischen und der deutschen Sprache ausgehen? Darüber wollen wir mit dieser Betrachtung mehr Klarheit gewinnen, und ich verspreche Ihnen, dass Sie staunen werden!

Wenn diese Überlegungen auch einen Beitrag zur besseren Verständigung zwischen Griechen und Deutschen, zum toleranten Umgang miteinander und zur wechselseitigen Akzeptanz leisten, entspricht das durchaus meiner Absicht, denn „Intelligenz ist die Fähigkeit, seine Umgebung zu akzeptieren“, wie William Faulkner, Nobelpreisträger für Literatur, einmal festgestellt hat.[3] Es ist also an der Zeit, dass wir voneinander lernen und dass ein Werte- und Erfahrungsaustausch stattfindet. Es ist auch keine *Hyperbel* (grch. ὑπερβολή, *hýperbolé*, dt. Übertreibung), zu behaupten, dass sich alles in einem Prozess der Veränderung, in einem ständig fließenden Prozess des Werdens befindet. Der griechische Philosoph Heraklit hat vor dreitausend Jahren erkannt: „alles fließt“ (grch. πάντα ῥεῖ, *pánta rheî*). Früher sind die indogermanischen Griechen gen Süden ausgewandert, jetzt

---

3 William Faulkner, Zitate und Sprüche, Quelle: http://www.zitate.eu

wandern viele von ihnen nach Norden zurück. Herodot, von dem berühmten römischen Redner und Schriftsteller Cicero bewundernd *pater historiae* genannt und damit zum Vater der Geschichtsschreibung erklärt, würde in der heutigen Epoche (grch. εποχή, *epoché*, dt. Haltepunkt, Zeitabschnitt) sagen:

„Die Geschichte wiederholt sich."

Griechisch steht am Anfang europäischer Sprache und Literatur

Griechisch ist die älteste Sprache Europas.
Die *Ilias* und die *Odyssee*, zwei um 800 v. Chr. entstandene Epen, die Homer zugeschrieben werden, sind die ältesten Zeugnisse der griechischen und somit der europäischen Literatur. Das griechische Alphabet entstand um 900 v. Chr. Die griechische Schrift ist eine Weiterentwicklung der phönizischen Schrift: Die Griechen ergänzten die phönizischen Schriftzeichen – ursprünglich nur Konsonanten – zusätzlich um Vokale und ordneten jedem Laut eines dieser Vokal- oder Konsonantenzeichen zu. Die älteste phonematische Schrift der Welt (grch. φωνή, *phōnē*, dt. Laut, Ton, Stimme, Sprache) war so beschaffen, dass ein Schriftzeichen eindeutig einen Sprachlaut repräsentierte. Durch den Kontakt griechischer Kolonisten mit Etruskern und Römern in Süditalien entwickelte sich aus dem griechischen Alphabet das lateinische. In Süditalien und auf Sizilien entstanden im Zuge der griechischen Kolonisation viele Städte, sodass die Region später Magna *Graecia*[4] (dt. Großgriechenland) genannt wurde.

---

4 Die lateinische Bezeichnung Graecus geht auf die Griechen zurück, die im achten vorchristlichen Jahrhundert in Italien, dem späteren Magna Graecia, siedelten und sich selbst als Graikoi bezeichneten. Bei Homer ist der Name einer böotischen Stadt namens Graia (Γραῖα) belegt. Der Reiseschriftsteller und Geograf Pausanias (115–180 n. Chr.) erwähnt Graia als alten Namen der Stadt Tanagra. Bei Aristoteles (Metaphysik, 1352) findet sich die älteste Quelle für die griechische Bezeichnung Graikoi (Γραικοί). Er erwähnt die Einwohner des zentralen *Epirus*, die ursprünglich Griechen (Γραικοί) geheißen hätten und erst später Hellenen genannt worden seien. Der lateinische Begriff Graeci wurde schließlich etymologisch zur Grundlage der Bezeichnung des Volkes in fast allen Sprachen, wenn daneben auch oft Übersetzungen des Begriffs Hellenen verwendet werden.

Der Einfluss des Griechischen auf das Lateinische war von Anfang an mächtig. Alle gebildeten Bürger sprachen oder schrieben Griechisch. Sogar Caesar sprach bei seiner Entscheidung, den Rubikon zu überschreiten, Griechisch. Den berühmten Satz „Die Würfel sind gefallen", *alea iacta sunt*, mag er auf Latein gesagt haben, seine Begründungsrede hielt er jedoch auf Griechisch.

Mit der Verbreitung des Christentums gelangte das lateinische Alphabet auch nach Mittel- und Nordeuropa. Das deutsche Alphabet, eine deutsche Variante des lateinischen Alphabets, hat sich also letzten Endes über mehrere Stufen aus dem griechischen entwickelt. Aus der Feder griechischer Mönche stammt das kyrillische Alphabet für die slawischen Sprachen in Osteuropa. Ähnlichkeiten mit dem griechischen sind auch hier unverkennbar.

Die kulturelle Ausstrahlung Griechenlands auf Deutschland und ganz Europa wirkt bis heute nach, mehr noch: die griechische und die deutsche Sprache haben gemeinsame Wurzeln: Beide sind indogermanische Sprachen, wenn auch die Gemeinsamkeiten nicht sofort ins Auge fallen. In einer gemeinsamen Urheimat, so wird angenommen, wurde Proto-Indogermanisch gesprochen. Als die Völker aus dieser Urheimat in verschiedene Richtungen auswanderten, entwickelten sich die verschiedenen indogermanischen Sprachen. Die indogermanischen Griechen wanderten um 2000 v. Chr. von Norden nach Griechenland ein.

Griechisch ist allgegenwärtig

Die abendländische Kultur ist maßgeblich durch die Sprache und Kultur des antiken Griechenlands geprägt. In griechischer Sprache beginnen – wie bereits erwähnt – die europäische Literatur, Philosophie und Wissenschaft. Bedeutende Werke der Weltliteratur, wie die homerischen Epen, die großen Dramen von Aischylos, Sophokles und Euripides, die philosophischen Schriften von Platon und Aristoteles oder das Neue Testament und die *Evangelien*[5], sind auf Griechisch verfasst. In zahlreichen Lehn- und Fremdwörtern ist Griechisch in vielen modernen Sprachen lebendig. Mehr als 150 000 Wörter basieren laut einer Studie allein in der englischen Sprache (also jedes vierte Wort!) und in der internationalen Wissenschaftsterminologie auf dem griechischen Vokabular. Es ist kein Zufall, dass die Amerikaner bei der Wiedergabe eines komplexen Sachverhaltes sagen: „Die Griechen[6] haben bestimmt ein Wort dafür."

---

5 Der Begriff Evangelium kommt aus dem Griechischen (εὐαγγέλιον, *eu-angelion*) und bedeutet „gute Nachricht" oder „frohe Botschaft" (grch. *eu-aggélion* eigentlich dt. gute Botschaft; grch. euággelos, dt. gute Botschaft bringend; grch. *eũ*, dt. gut, wohl; grch. *ággelos*, dt. Engel). Mit den Evangelien sind meistens die vier Evangelien nach Matthäus, Markus, Lukas und Johannes im Neuen Testament der christlichen Bibel gemeint. Die Verfasser der Evangelien werden auch als Evangelisten bezeichnet.

6 Die persische und türkische Bezeichnung der Griechen als Yunan geht ebenso wie die der meisten nahöstlichen Sprachen ursprünglich auf das altpersische Yauna zurück, welches wiederum dem griechischen *Íōnes* (Ιωνες) entlehnt worden ist. Namensgeber war hier der griechische Stamm der Ionier, deren Städte im sechsten Jahrhundert v. Chr. von den Persern erobert worden sind und deren Name, ähnlich wie der Name Graeci im Westen, auf die Gesamtheit der Hellenen zutraf.

Etymologisch gesehen verbindet sich oft mit einem Wort eine ganze Geschichte, z. B. verweist das Wort *spartanisch* auf die knappe, aber treffende, trockene, schmucklose und präzise Ausdrucksweise der Einwohner von Lakonien, d. i. Sparta. Diese Bedeutung hat sich bis heute im Deutschen erhalten. Was lakonische Ausdrucksweise ausmacht, zeigt das folgenden Beispiel: Als Philipp II. von Makedonien mit seinem Heer an Sparta herannahte, sandte er der Legende nach folgende Botschaft an die lakonische Hauptstadt:

„Wenn ich euch besiegt habe, werden eure Häuser brennen, eure Städte in Flammen aufgehen und eure Frauen zu Witwen werden."

Darauf antworteten die Spartaner: „Wenn."

Auch:

Nach der Vernichtung der spartanischen Flotte unter der Führung von Mindaros durch die Athener sandten die Wortkargen Spartaner einen Schlachtbericht nach Hause, der von den Athenern, die ihn abfingen, als typisch lakonisch verlacht wurde:

„Boote verloren. Mindaros tot. Männer haben Hunger. Wissen nicht, was tun."

Griechisch lebt im Alltag der Deutschen

Bis heute wird im Englischen die Redewendung „That is Greek to me" benutzt, die der deutschen Redensart „Das kommt mir spanisch vor" entspricht. Offenbar empfand man in Deutschland das Griechische zu keiner Zeit als etwas derart Fremdes, dass es zum *Synonym*[7] für „unverständlich" werden konnte. Permanent werden die meisten von uns im ganz normalen Alltagsleben mit griechischen Wörtern konfrontiert. Manche dieser Wörter werden an ihrer Fremdartigkeit erkannt und sind eben Fremdwörter, die aus dem Griechischen stammen. Doch viele sind schon so sehr in den deutschen Sprachgebrauch eingegangen, dass man sie beinahe für deutsche Wörter hält. Sie werden als Lehnwörter bezeichnet. So redet man im Deutschen ganz selbstverständlich von *platonischer* Liebe, *stoischer* Ruhe, *drakonischer* Strafe, auch von *Erotik*, *Harmonie*[8], *Disharmonie*, *Kakophonie*[9], *Synergie*. Man antwortet *lakonisch*, lebt *spartanisch*, beobachtet etwas mit *Argus*augen, lei-

---

7 Als Synonyme (von grch. συνώνυμος *synōnymos*, bestehend aus σύν syn, „zusammen", und ὄνομα *ónoma*, „Name") bezeichnet man verschiedene Wörter, die die gleiche oder eine sehr ähnliche Bedeutung haben. Ein Wort, dessen Bedeutung sich je nach Kontext oder Aussageabsicht ändern kann, wird sprachwissenschaftlich als Homonym bezeichnet, Wörter mit gegensätzlicher Bedeutung als Antonyme.

8 Harmonie (grch. ἁρμονία, *harmonía*, „Eintracht"/„Einklang", die Silbe „ar" oder „har" ist indogermanischer Herkunft) drückt im Gegensatz zu Disharmonie die Vereinigung von Entgegengesetztem zu einem Ganzen aus. In Anlehnung an das griechische Wort wählen manche deutschen Friseure „Haarmonie" als Namen für ihr Geschäft. Damit wollen sie den ästhetischen Anspruch ihres Betriebs bei potenziellen Kunden hervorheben.

9 Als Kakophonie (grch. κακός, *kakós*, dt. schlecht; grch. φωνή, *phōné*, dt. Laut, Ton, Stimme) bezeichnet man in der Musik und Literatur Laute und Geräusche, die besonders hart, unangenehm oder unästhetisch klingen. Das Gegenteil dazu ist die Euphonie, der Wohlklang.

det *Tantalus*qualen oder unter dem *Ödipuskomplex*, leistet *Sisyphus*arbeit, lebt wie ein *Krösus*, flüchtet vor einer *Xanthippe*, kauft *Bio-* oder *Öko*produkte, hat eine *Odyssee* hinter sich, ist Bürger *Europas*, man denkt *ökonomisch*, hat hoffentlich keine *Tragödie* erlebt, den *Idioten*test nicht verpatzt, hat im Idealfall keinen *gordischen Knoten* zu lösen und ist der *Pyromanie* nicht zum Opfer gefallen: Alle diese Begriffe und Redewendungen, die wir wie selbstverständlich verwenden, haben ihre Wurzeln unmittelbar im Griechischen! Selbst die Jugendlichen gebrauchen griechische Elemente, wenn sie etwas *mega*cool, *mega*geil, *mega*-in, *mega*stark oder *mega*-out (grch. μέγα(ς), *mega(s)*, dt. groß) finden.

Und welche sexuelle Neigung man mit der wunderschönen Insel *Lesbos* verbindet, was unter einem *Damokles*schwert oder *Pyrrhus*sieg zu verstehen ist und welcher Zusammenhang zwischen *Gyros* und *Giro*konto besteht, erklären wir weiter hinten.

Was Wörter mit griechischem Ursprung heute bedeuten

In der deutschen Umgangssprache wird ein Reicher, der im Luxus lebt, mit Hinweis auf das historische Vorbild als *Krösus* (grch. *Kroîsos*, lat. *Croesus*, dt. Krösus) bezeichnet. Darauf bezieht sich auch die Redewendung „Bin ich Krösus?", mit der man finanzielle Forderungen entschlossen zurückweist.

Und warum ergreift man die Flucht vor einer *Xanthippe*? Xanthippe (grch. Ξανθίππη) war die Ehegattin des griechischen Philosophen Sokrates, die als Inbegriff des zänkischen, keifenden Weibes in die europäische Literatur eingegangen ist. Ihr Name wird oft sprichwörtlich gebraucht und steht dann für eine übellaunige, streitsüchtige und gewalttätige Partnerin in einer Beziehung.

Der Name *Europa* lässt sich auf dem europäischen Kontinent selbst am weitesten zu der griechischen Form Εὐρώπη zurückverfolgen: Hier wurde *Europe* meist als Kompositum aus grch. εὐρύς, *eurýs*, dt. „weit", und ὄψ, *óps*, dt. „Sicht", „Gesicht", aufgefasst; daher *Eurṓpē*, „die [Frau] mit der weiten Sicht". Europa war nach der griechischen Mythologie (grch. μύθοι, *mythoi*, dt. Geschichten; λέγειν, *legein*, dt. erzählen; veraltet: Sagenwelt) die phönizische Königstochter, die Zeus in Stiergestalt nach Kreta entführte und dort verführte.

Die *Odyssee* (grch. ἡ Ὀδύσσεια, *hē Odýsseia*), nach der *Ilias* das zweite dem griechischen Dichter Homer zugeschriebene Epos, gehört zu den ältesten und einflussreichsten Dichtungen der abendländischen Literatur. Die schriftliche Überlieferung reicht wahrscheinlich bis 800 v. Chr. zurück, spätestens aber bis 700 v. Chr. Das Epos schildert die Abenteuer des Königs Odysseus von Ithaka und seiner Gefährten während ihrer Heimkehr aus dem Trojanischen Krieg. In der deutschen Sprache ist das Wort *Odyssee* zum Synonym für eine lange Irrfahrt geworden.

Idiot ist im heutigen Sprachgebrauch als Schimpfwort geläufig und bezeichnet einen dummen Menschen. Mehr oder weniger gleichbedeutend sind die pejorativen Synonyme Dummkopf, Depp, Trottel, Schwachkopf oder (veraltet) Narr. Das Wort leitet sich vom griechischen ἰδιώτης (*idiotes*) her, das wertfrei bis heute in etwa „Privatperson" bedeutet. Es bezeichnete in der *Polis*[10] Personen, die sich aus öffentlichen politischen Angelegenheiten heraushielten und keine Ämter übernahmen, auch wenn es ihnen möglich gewesen wäre. Ins Lateinische als *idiōta* entlehnt, verschob sich die Bedeutung des Wortes zu „Laie" und meinte damit jemanden, der kein gelehrter Fachmann war, auch zu „Pfuscher", „Stümper", „unwissender Mensch". Später wurde der Begriff allgemein auf Laien oder Personen mit einem geringen Bildungsgrad angewandt.

Im Theater der griechischen Antike bezeichnete eine *Tragödie* einen „Bocksgesang", einen „Gesang um den Bockspreis" (grch. τραγωδία, *tragodía*). Beim Dionysoskult wurden Umzüge mit Maske und Bocksfell (grch. τράγος, *tragos*) zur Darstellung

10 Polis meint im Deutschen „Stadt" und wurde zum Modewort der Römer. Es bezog sich außerhalb Griechenlands zunächst auf die gesamte öffentliche Verwaltung, was bis heute in Wörtern wie „baupolizeilich" und „feuerpolizeilich" erkennbar ist. Auch die Bezeichnungen Politik und Polizei haben also letztlich hier ihre Wurzeln. Und fast alle Polizeibehörden der Welt leiten sich buchstäblich aus dem griechischen Wort πόλις, *polis*, her: Wer in anderen Ländern die Hilfe der Polizei braucht, geht in England und Frankreich zur „police", in Spanien zur „policia" und in der Türkei zur „polis". Die Beispiele lassen sich leicht vermehren.

des Gottes selbst oder eines der ihn begleitenden Satyrn aufgeführt. In einer Tragödie bedeutet *tragisch,* anders als in der Alltagssprache, aber nicht, dass etwas sehr traurig ist, sondern dass jemand von hohem sozialem Rang schuldlos schuldig wird und damit einen tiefen, schmerzlichen Absturz erlebt, wie zum Beispiel Ödipus und Orestes.

Der Begriff *Öko* ist die Kurzform von *Ökologie* (aus grch. Oikos, dt. Haus, Haushalt, und *logos*, dt. Lehre, also Haushaltslehre). Das ist eine Teildisziplin der *Bio*logie (aus grch. *bios*, dt. Leben, und *logos*, dt. Lehre, also die Wissenschaft des Lebendigen, der Lebewesen). Die Ökologie erforscht die Beziehungen der Lebewesen untereinander und deren Verhältnis zu ihrer Umwelt. Aber könnte man entsprechend für *Biotop* (aus grch. *bios*, dt. Leben, und *topos*, dt. Ort) das deutsche Wort „Lebensraum" verwenden? Das wäre, schon weil es historisch und politisch zu sehr belastet ist, nicht angemessen; es stellt auch nicht – wie das griechische Wort – den biologischen Aspekt in den Vordergrund.

Ein breit gefächertes Bedeutungsspektrum hat das Wort *Ökonomie* (grch. οἰκονομία, *oikonomia*; aus *oikos*, dt. das Haus, und *nomos*, dt. Gesetz), wenn auch einige Varianten schon veraltet sind. Ökonomie meint

- das Wirtschaftsgeschehen in einem geografischen Raum (Volkswirtschaft),
- das Wirtschaftsgeschehen im gesellschaftlichen und unternehmerischen Bereich (Betriebswirtschaftslehre),
- Wirtschaftswissenschaft insgesamt (in dieser Bedeutung nur noch selten verwendet),
- einen Landwirtschaftsbetrieb (in dieser Bedeutung ebenfalls nur wenig benutzt).

Lesbisch leitet sich vom Namen der griechischen Insel *Lesbos* (grch. Λέσβος, heutige Aussprache „Leswos") ab, die im ostägäischen Meer liegt. In der Antike, im 6. Jahrhundert v. Chr., lebte und dichtete dort die griechische Dichterin Sappho. Sie hat in ihren Gedichten und Liedern die Liebe zwischen Frauen besungen.

Gyros hat im Griechischen viele Bedeutungen. Die häufigste und ursprünglichste ist „Kreisel" oder „Runde" und entspricht etwa dem französischen Begriff „tour". So bezeichnet man die Tour de France in Griechenland als *Gyros tis Gallias* (Frankreich-Rundfahrt). Das Verb zu *Gyros* ist *gyrizo*, dt. ich drehe, ich umfahre. Nur in der Gastronomie bezeichnet Gyros einen Drehspieß. Im Italienischen wird das griechische Wort seit der Renaissance als *Giro* verwendet und fand von dort auch seinen Weg ins Deutsche, wo wir es als *Giro*konto kennen. Im Zusammenhang mit Geräten taucht der Begriff Anfang des 19. Jahrhunderts z. B. für die Bezeichnung eines Navigationsgeräts auf, des *Gyroskops*.

Unter *Pyromanie* (aus dem zusammengesetzten grch. Wort πῦρ, *pyr*, dt. Feuer, und μανία, *maniā*, dt. Raserei, Wut, Wahnsinn) verstehen wir die *pathologische*[11] Brandstiftung. Das Wort ist

---

11 Der griechische Begriff παθολογία, *pathologia*, leitet sich von den Wörtern πάθος, páthos, dt. Krankheit, Leiden, Leidenschaft, und λόγος, *lógos*, dt. Wort, Sinn, Vernunft, Lehre, ab. Die Pathologie beschäftigt sich als Teilgebiet der Medizin mit der Entstehung von Krankheiten und den durch sie verursachten Veränderungen. In der Medizin, Psychologie und Politik redet man auch von pathogenen Phänomenen. Als pathogen sind vor diesem Hintergrund jene Phänomene zu bezeichnen, die die Entwicklung des Realitätssinns bewusst oder unbewusst behindern bzw. diesen teils verneinen. In diesem Zusammenhang soll erwähnt sein, dass auch die neofaschistische Organisation Pegida, die es sich zur Aufgabe gemacht hat, das Abendland zu retten, ihren Namen – Irrtum vorbehalten – aus dem Griechischen entlehnt (grch. Παγίδα, *Pagida*, dt. die braune Falle). Noch Fragen?

wie die *Kleptomanie*[12] seit dem frühen 19. Jahrhundert belegt. *Pyromanen* verspüren den Drang, Feuer zu legen, und beziehen aus der Tat Befriedigung.

---

12 Kleptomanie (grch. κλέπτειν, *kléptein*, dt. stehlen, und μανία, *maníā*, dt. Raserei, Wut, Wahnsinn) bedeutet wörtlich übersetzt: „krankhafter Trieb zum Stehlen".

Griechisch ist in der postmodernen Sprache unverzichtbar

Wenn es um neue Produkte und um technische Innovationen geht, greift man in Wissenschaft und Geschäftswelt gern und oft auf den griechischen Wortschatz zurück. Nach Beispielen muss man deshalb nicht lange suchen. AEG, Grundig, Philips, Rowenta und Siemens statten ihre Staubsauger mit der *Zyklontechnik* (grch. κυκλῶν, *kyklōn*, dt. rotierend) aus, d. h. flüssige Partikel werden durch spezielle *Hydrozyklone* (grch. *hydor*, dt. Wasser) ausgeschieden.

Bei der Arbeit am Bildschirm spricht man von *kinetischem* Scrollen oder von *kinetischem* Bildlauf (grch. *kinesis*, dt. Bewegung), darunter versteht man das Verschieben von Bildschirminhalten. Ford wirbt mit dem *Kinetik*design (grch. *kinetike*, dt. beweglich) für seine Autos.

Microsoft benutzt den griechischen Begriff *synchronisieren*, der „gleichzeitig", „gleichlaufend", „zeitlich übereinstimmend" bedeutet, bei seinem E-Mail-Dienst Outlook. *Synchronisation* (grch. συν, *syn*, dt. zusammen; χρόνος, *chrónos*, dt. Zeit) oder auch *Synchronisierung* stellt sicher, dass Vorgänge zeitlich aufeinander abgestimmt sind, also gleichzeitig (synchron) oder in einer bestimmten Reihenfolge ablaufen.

Ein griechischer Begriff ist ebenfalls Namensgeber für das Automodell *Matrix* von Hyundai und für den gleichnamigen Erfolgsfilm. Das Bedeutungsspektrum von *Matrix* (grch. *metra*, latinisiert *matrix*, dt. Gebärmutter) ist breit gefächert, es umfasst – je nach Kontext – folgende deutschen Wörter: „fruchtbar", „umhüllend", „umfassend", „ernährend", „versorgend", „beschützend", „gebärend" und „verbergend".

Auch Sony entdeckt das griechische Alphabet (*Alpha* ist der erste Buchstabe des griechischen Alphabets) für seine Spiegelreflexkamera mit dem Namen „Alpha".

Bei der Namenswahl im Produktbereich ist die griechische Mythologie eine ergiebige Quelle der Inspiration. So tragen ein Automodell von Volkswagen und eine Kamera von Canon den Namen der Göttin *Eos. Eos* (grch. Ἠώς, *Ēōs*) ist in den Mythen die Göttin der Morgenröte. Ihre römische Entsprechung ist Aurora, nach der auch das rot-grünliche Polarlicht benannt ist. Der Autohersteller Renault benennt sein Modell *Clio* nach der antiken Muse und greift auch für den *Zoe* auf griechische Mythen zurück. Die Verehrung der Gestirne als göttliche Wesen im alten Griechenland soll diese Faszination auf den Opel *Astra* übertragen. Manch böse Zungen behaupten sogar, dass die *Hybrid*modelle von Toyota ihren Namen aus dem griechischen Substantiv *hybris* (grch. ὕβρις, *hübris*, dt. Übermut, Anmaßung, Vermessenheit) herleiten.

Auch andere Firmen halten die Namen griechischer Götter für durchaus angemessen für ihre Produkte: Der Satellitensender *Astra* verspricht überirdische TV-Erlebnisse, Sportartikel werden unter dem Namen der Siegesgöttin *Nike* verkauft, *Chloë* ist nicht nur ein Parfüm, sondern ebenfalls der Beiname der griechischen Göttin *Demeter. Demeter* und *Gäa*, geschützte Markenzeichen, unter denen nach anthroposophischen (grch. ἄνθρωπος, *ánthrōpos*, dt. Mensch, und σοφία, *sophía*, dt. Weisheit) Prinzipien biologisch-dynamisch erzeugte Produkte verkauft werden, entstammen – wie gesagt – ebenfalls der griechischen Mythologie. *Demeter* (grch. Δημήτηρ, *Demeter*, Δήμητρα, Δηώ) ist dort eine dreifache Muttergöttin, zuständig für die Fruchtbarkeit der Erde, des Getreides, der Saat und der Jahreszeiten, *Gaia* oder *Ge* (grch. Γαῖα oder Γῆ, dorisch Γᾶ, dt. auch Gäa) ist als die personifizierte Erde eine der bedeutendsten Gottheiten. Ihr Name ist indogermanischen Ursprungs und bedeutet aller Wahrscheinlichkeit nach „die Gebärerin". In Hesiods *Theogonie*[13] entsteht Gaia als eine der ersten Gottheiten aus dem Chaos. Ihre Geschwister sind *Tartaros, Eros, Erebos* und *Nyx*. Für die Orphiker ist *Hydros* (Wasser) die Urgottheit, aus der nach ihrer Vorstellung *Gaia* als einzige Gottheit ohne Befruchtung hervorgegangen ist. Parallelen dazu finden wir in den Schöpfungsgeschichten der monotheistischen Religionen.

Der Paketdienst Hermes lässt sogar einen griechischen Gott aus dem Olymp herabsteigen, um ihm zu Diensten zu sein bzw. Werbung für das Unternehmen zu machen; denn Hermes (grch. Ἑρμῆς, auch *Hermeias*, dor. *Hermas* Ἑρμᾶς) ist in der griechischen Mythologie der Götterbote und überbringt die Nachrichten und die Geschenke (Pakete) von Zeus. Außerdem ist er der Schutzgott des Verkehrs, der Reisenden und der Kaufleute und gehört zu den zwölf großen olympischen Göttern.

Selbst für die Europäische Union ist die Götterwelt Griechenlands Ideengeber. Sie nennt ihre Aktion zum Grenzschutz und gegen Flüchtlinge auf dem Mittelmeer nach dem Meeresgott *Triton* (grch. Τρίτων), einem Mischwesen, welches für den Sohn Poseidons gehalten wird. Man bezeichnet *Triton* auch als Kentaur des Meeres, denn sein Oberkörper ist der eines Menschen mit den Vorderbeinen eines Pferdes, sein Unterkörper ähnelt dem eines Delfins. Der Mythologie zufolge kann *Triton* das Meer aufwühlen oder beruhigen. Nach der Argonautensage zog er die Schiffe der durch einen Wirbelsturm gestrandeten Seefahrer zurück aufs Meer. In einer anderen Sage muss Herakles mit ihm kämpfen, weil *Triton* diesem den Zugang zum Garten

---

13 Otto Schönberger: Hesiod. Theogonie. Griechisch/Deutsch. Philipp Reclam jun. 2002. Hesiod schildert in seiner Theogonie die Entstehung der Welt sowie die Entstehung und Abstammung der Götter.

der Hesperiden verwehrt. Nach *Triton* ist weiterhin eine Beratungs- und Beteiligungsgesellschaft benannt, die vor allem in mittelständische Unternehmen in Norddeutschland investiert. Mit *Herakles* hat das aber nichts zu tun.

Schon allein der Klang griechischer Wörter hat offensichtlich erhebliche Werbewirksamkeit, das zeigt sich anhand vieler Markennamen. So renommiert die Suchmaschine *Lycos* (grch. *Lykos*, dt. Wolf) mit ihrem griechischen Namen. Ebenso wirbt Acer für sein Tablet *Iconia* mit dem Rückgriff auf ein griechisches Wort (grch. *ikona*, dt. Ikone, Bild). *Android*, ein Betriebssystem für mobile Geräte, trägt gleichfalls einen griechischen Begriff in seinem Namen: Der *Androide* oder *Android* (aus grch. ἀνήϱ, *aner*, dt. Mann, und εἶδος, *eidos*, dt. Aussehen, Gestalt, „einem Mann ähnlich") ist ein Roboter, der einem Menschen täuschend ähnlich sieht und sich menschenähnlich verhält. Ein Androide ist somit ein spezieller humanoider Roboter. Hat er die Form einer Frau, wird er gelegentlich auch *Gynoid(e)* (grch. γυνή, *gyne*, dt. Frau) genannt. Als Androiden bezeichnet man also menschenähnliche Maschinen.

Auch die Schönheitsindustrie hat die positive, seriöse Wirkung des griechischen Klangs in Produktnamen entdeckt. *Kaloderma* kombiniert gleich zwei griechische Wörter für den Firmennamen (grch. *kalo*, dt. gut, schön, und grch. *derma*, dt. Haut, wird zu *Kaloderma* – schöne Haut) und verwendet ihn durchgehend für alle Pflegelinien. Calvin Klein benennt ein erfolgreiches Herrenparfüm mit dem griechischen Wort *Euphoria*, sicher auch im Hinblick auf die verkaufsfördernden Konnotationen: Abgeleitet von grch. *euphoros*, dt. gesund, das sich aus grch. *eu*, dt. gut, und grch. *pherein*, dt. [er]tragen[d], zusammensetzt, bedeutet *euphoria* im Deutschen „Fruchtbarkeit" oder „Produktivität". Im allgemeinen Sprachgebrauch wird *Euphorie* heute meistens im Sinne von „Leidenschaft“ oder „Begeisterung“ benutzt. Der Modeschöpfer Yves Saint-Laurent gibt seiner Herrenparfümlinie den Namen *Kouros*, der im Griechischen die Statue eines jungen Mannes bezeichnet.

Ein *Hypnosetherapiezentrum*, in dem mithilfe von Hypnose psychische Erkrankungen geheilt werden sollen, kombiniert sogar drei griechische Wörter (*hypnos*, dt. Schlaf, *therapia*, dt. Heilung, sowie *kentro*, dt. Zentrum) zu seiner Bezeichnung.

Die *Numismatik*, die sowohl die wissenschaftliche Beschäftigung mit Geld und seiner Geschichte als auch das Sammeln von Münzen als Hobby meint, geht als Bezeichnung – hätten Sie es anders erwartet? – aus einem griechischen Begriff hervor (grch. νομισματική [τέχνη, μάθησις], zu νόμισμα, *nómisma*, oder italogriechisch *nú(m)misma*. Ebenso verhält es sich mit der Adjektivableitung im Namen der Deutschen *Numismatischen* Gesellschaft. Der *Aisthesis*[14] Fachverlag, der Texte zu Kunst und *Philosophie* publiziert, wählt ein griechisches Wort mit der Bedeutung „Wahrnehmung“ oder „Empfindung“ zu seiner Firmenbezeichnung.

Genesis, ein metadatengestütztes Datenbanksystem für die amtliche Statistik Deutschlands, *Genesis*, eine US-amerikanische Raumsonde, die Band *Genesis*, der *Genesis*, den Lamborghini auf dem Turiner Autosalon als Prototyp präsentierte, das Auto-

14 Aisthesis (von grch. αἴσθησις, *aísthēsis*, dt. Wahrnehmung, Empfindung) war bis zum 19. Jahrhundert vor allem die Lehre von der wahrnehmbaren Schönheit, von Gesetzmäßigkeiten und Harmonie in der Natur und Kunst. Ästhetik ist – wörtlich genommen – die Lehre von der Wahrnehmung bzw. vom sinnlichen Anschauen. Ästhetisch ist demnach alles, was unsere Sinne bewegt, wenn wir es betrachten: Schönes, Hässliches, Angenehmes und Unangenehmes. Eine Lehre, die sich nur mit schönen Dingen beschäftigt, heißt Kallistik. Alltagssprachlich wird der Ausdruck ästhetisch meist als Synonym für „schön“, „geschmackvoll“ oder „ansprechend“ verwendet.

modell Genesis von Hyundai – sie alle greifen zurück auf den griechischen Begriff *genesis* (γένεσις), welcher die Schöpfung, Entstehung und die Geburt bezeichnet.

Und hat der *Philodendron* (aus grch. φίλος, *filos*, dt. Freund, und δένδρον, *dendron*, dt. Baum) mit seinen gelappten Blättern seinen Namen nicht auch aus dem Griechischen?

Ein griechisch-deutsches Sprachexperiment

Wie Sie sehen, ist die Liste der in die deutsche Sprache übernommenen griechischen Begriffe ziemlich lang. Nach Aussagen von Linguisten lassen sich etwa 80 Prozent (!) des deutschen Wortschatzes – manchmal auf dem Weg über das Lateinische – auf das Griechische zurückführen. Die vielen Beispiele in den vorherigen Abschnitten sollten dazu beitragen, den erheblichen Einfluss des Griechischen auf die deutsche Sprache zu veranschaulichen und zu belegen. Vor allem die Medizin und die Naturwissenschaften, die Literatur- und die Sprachwissenschaften, die Philosophie und die Politik kommen nicht ohne eine Terminologie aus, die auf griechischen Fremdwörtern basiert.

Ein Beispiel aus meiner Übersetzertätigkeit mag das belegen. So lautet die folgende Textpassage in Wissenschaftsdeutsch:

„Als Exegese des atmosphärischen, anthropogenen Treibhausphänomens unseres Planeten ist in der gegenwärtigen Theorie bezüglich einer kommenden ökologischen Katastrophe bis dato systematisch die Kontradiktion zwischen technologischer Evolution und Klimaschutz angeführt worden. Dies sei ein Paradoxon, denn der Klimawandel sorge für die apokalyptischen Zustände auf unserem Planeten …“

Der Fremdwortanteil in dieser Passage ist erheblich und fast alle Fremdwörter haben griechische Wurzeln. Sind sie notwendig? Um das zu klären, möchte ich den Versuch unternehmen, diese Zeilen nur mit deutschen Wörtern wiederzugeben und die Passage zu bereinigen:

„Zur Erläuterung des atmosphärischen, durch den Menschen verursachten Treibhauseffekts unseres Planeten ist in der gegenwärtigen Theorie bezüglich einer kommenden ökologischen Katastrophe bis heute systematisch der Widerspruch zwischen technologischer Entwicklung und Klimaschutz angeführt worden. Dies sei absurd, denn der Klimawandel sorge für die apokalyptischen Zustände auf unserem Planeten …"

Betrachtet man das Resultat dieses Versuchs, ist festzustellen, dass es nahezu unmöglich ist, die Textpassage nur mit deutschen Begriffen zu formulieren, denn viele griechische Wörter sind im Laufe der Sprachgeschichte integrale Bestandteile des deutschen Wortschatzes geworden und werden so selbstverständlich gebraucht, dass man sie kaum mehr als Fremdwörter empfindet, es sei denn, man denkt darüber nach, oder man wird darauf hingewiesen. So ist es gelungen, die anfangs aufgestellte These zu erhärten. Es kann also als bewiesen gelten:

Bewusst oder unbewusst sprechen wir alle Griechisch.

Wie Griechisch die deutsche Sprache beeinflusst

Die allgemeine deutsche Standardsprache enthält, wie schon deutlich geworden ist, eine Fülle von Gräzismen, von Wörtern und Begriffen griechischen Ursprungs für die unterschiedlichsten Lebensbereiche. In Deutschland sind wir stolz darauf, in einer *Demokratie* zu leben. Die Staatsform der *Demokratie* (dt. Volksherrschaft) als Gegensatz zur *Monarchie* (dt. die Herrschaft eines Einzelnen) und zur Oligarchie; auch die *Olympischen Spiele* der Neuzeit verdanken wir Hellas.[15] Ein *Oligarch* (grch. ὀλίγοι, *oligoi*, dt. wenige, und ἄρχων, *archon*, dt. Herrscher, Führer) ist ein Großindustrieller, der durch seinen Reichtum zu seinem Vorteil Macht über ein Land oder eine Region ausübt, ohne dazu legitimiert zu sein. Wie die Wortverwandtschaft mit „Oligarchie“ es andeutet, ist ein Oligarch einer von wenigen Herrschenden in dem betreffenden Land oder der Region, sein Einfluss kann erhebliche Auswirkungen auf die Politik haben.

Dramen, Komödien und *Tragödien* werden noch heute auf den Theaterbühnen gespielt, die Werke von *Homer* und *Hesiod* über

15 Hellas (grch. Ελλάς) – so nennen die Griechen ihr Land – war ursprünglich der Name einer Stadt unweit Pharsalos‘ in der südthessalischen Landschaft Phthiotis, die von Hellen (Ἕλλην) gegründet worden sein soll. Hellen gilt auch als Urvater des Stammes der Hellenen, die in dieser Region lebten. In Deutschland beziehen sich die verschiedensten Organisationen und auch ganz unterschiedliche Produkte mit ihren Namen auf Hellas, um ihre Affinität zum griechischen Kulturkreis zu unterstreichen. Relativ häufig greifen zum Beispiel Sportvereine in Deutschland, aber auch in Griechenland selbst, auf diese Möglichkeit zurück. Nach Angaben des Statistischen Bundesamtes leben heute etwa 320 000 Griechen in Deutschland; sie haben einen bemerkenswerten Beitrag zum deutschen Wirtschaftswunder im ausgehenden 20. Jahrhundert geleistet.

Aischylos bis hin zu *Sophokles* und *Aristophanes* werden heute ebenso gelesen wie die Schriften von *Herodot* und *Thukydides*. Die *Philosophie* (aus grch. *philein*, dt. lieben, und grch. *sophia*, dt. Weisheit) *Platons*, *Sokrates*' oder des *Aristoteles* wird noch heute rezipiert und diskutiert. In der Mathematik haben der Satz des *Pythagoras*, des *Thales* und des *Euklid* unverändert Gültigkeit und werden in den Schulen vermittelt. Nicht zu vergessen ist, dass das Griechische wesentliche Elemente zur Begrifflichkeit der gegenwärtigen Wissenschaftssprache beiträgt.

Viele Schüler besuchen in unseren Tagen ein *Gymnasium*, viele von Ihnen benutzen selbst *Bibliotheken*. Aber kennen Sie die Herkunft und Bedeutung dieser Wörter?

Im alten Griechenland war ein *Gymnásion* ein Ort der körperlichen und geistigen Ausbildung für die männliche Jugend, im Vordergrund stand das Körpertraining. In den *Gymnasien* wurde dabei nackt trainiert, was sich noch in der Bedeutung des ursprünglichen griechischen Wortes zeigt (grch. γυμνός, *gymnos*, dt. nackt). Auf diesen Usus weist ebenfalls das Wort *Gymnastik* hin (aus grch. γυμνάζομαι, *gymnázomai*, dt. „mit komplett nacktem Körper turnen"). Griechischen Ursprungs ist auch die *Bibliothek*: In der Antike bezeichnete das Wort βιβλιοθήκη, *bibliothéké* eine Bücherkiste als Behälter für Papyri oder eine Büchersammlung.

Viele griechische Wörter sind so in die deutsche Sprache eingewandert und von ihr aufgenommen worden. Viele dieser Gräzismen haben das Deutsche wiederum erst über das Latein erreicht, was in der Regel bedeutet, dass das Grundwort aus dem Griechischen stammt, die Schreibweise – vor allem die der Suffixe, der Endungen – jedoch latinisiert wurde (z. B. *Stadium* von grch. στάδιον, *stadio(n)* über lat. *stadium*). Die Beispiele sind zahlreich und Sie werden die meisten der folgenden Gräzismen kennen, denn sie werden im Deutschen[16] sehr häufig verwendet:

*Akademie, Akustik, Analphabet, Analytiker, Analyse, Anonymität, Anatolien, Anekdote, Anomalie, Antichrist, Antipathie, Apathie, Apokalypse, Apotheke, Archiv, Architektur, Ästhetik, Astronaut, authentisch, Autismus, Auto, Automat, Autonomie, Autopsie, Bakterie, Bar, Barbar, Barometer, Basis, Bibel, Bibliothek, Biografie, Biologie, Biotop, Butter, Charakter, Charisma, Chronometer, Dämon, Demokratie, Demoskopie, Dia, Diät, Diagnose, Dialekt, Dialog, Diamant, Diaspora, Dramatik, Dynamik, Diskothek, Ekstase, Energie, Enthusiasmus, Epoche, **Erde**, Euphorie, Evangelium, evangelisch, Exodus, Fantasie, Fotografie, frenetisch, Gastronomie, Gigantomanie, Glossar, Grafik, Gymnasium, Helikopter, Holocaust, Homophobie, Hormon, Horoskop, hybrid, Hydraulik, Hydrograf, Hypothek, Hysterie, Ideal, Idee, Idiot, Ironie, Katalog, Katalysator, Katastrophe, Kategorie, katholisch, Kilometer, Kino, Klima, Klinik, Komet, Krise, Kriterium, Kritik, Labyrinth, Leier, lesbisch, Lexikon, Logik, Manie, Masse, Melancholie, Meter, Methode, Mikrofon, Mimose, Monopol, Musik, Museum, **Mutter**, Mythos, Narkose, Narzisse, Nektarine, Nostalgie, Nymphomanie, Ökologie, Ökonomie, Olympia, Optik, Orchester, Orchidee, Organ, Organisation, Organismus, Orgasmus, Orgie, Ozean, Pädagogik, Panik, Panorama, Papier, paradox, Parallele, Paralogie, Parodie, Pathos, Patriot, **Pause**, **Penner**, Periode, Pharmazie, Phänomen, Phase, Phobie, Planet, Plasma, Pneu, Politik, Polizei, Polygamie, Pornografie, Praxis, **Priester**, Problem, Prognose, Programm, Prophezeiung, Prototyp, Pseudo-, Rheuma, Rhythmus, Sarkasmus, Saurier, Schema,*

16 Viele europäische Sprachen haben zur Bezeichnung Deutschlands und seiner Bürger Wörter, die sich an das Griechische Γερμανία, Germania anlehnen, z. B. albanisch Gjermania, englisch Germany, italienisch Germania, russisch Germanija usw.

Schule, Skandal, sporadisch, Stadion, Strategie, Symbol, Sympathie, Symbiose, synchron, Synchronisieren, Synthese, System, Szene, Tachometer, Technik, Telefon, Theater, Theke, Thema, Theorie, Therapie, Thermometer, These, Tisch, ***Tür****, Typ, Tyrann, Utopie,* ***Vater****, Xenophobie, Zentrum, Zone, Zoo, Zyklon, Zylinder, Zyklus* usw.

Diese exemplarische Auswahl illustriert sicherlich den Einfluss des Griechischen auf den deutschen Wortschatz. Allerdings scheinen die sieben unterstrichenen Wörter auf den ersten Blick keine Gräzismen darzustellen und nichts mit dem Griechischen zu tun zu haben. Die folgenden etymologischen Betrachtungen sollen diesen Eindruck widerlegen, die Affinität des Griechischen und des Deutschen und die tiefen wortgeschichtlichen Zusammenhänge verdeutlichen.

Verfolgt man die Entwicklung des Wortes *Tür* zu seinen Ursprüngen, so zeigen sich folgende Stufen:

Neuhochdeutsch *Tür*, von mittelhochdeutsch *tür(e)*, althochdeutsch *turi, tür* und isländisch *dyr*, lässt sich zurückführen auf das altgriechische Wort θύρη, *thyri*, das im Neugriechischen θύρα, *thyra* lautet. Die Ähnlichkeit ist unverkennbar. Es wird sogar die Ansicht vertreten, dass im Zuge der Lautverschiebungen der erste Buchstabe des griechischen Wortes (θ, *Theta*) zu t/d umgewandelt worden ist. Während das Deutsche den *Theta*-Laut nicht mehr kennt, haben das Englische und das Isländische als einzige lebendige germanische Sprachen die Laute „ð“ und „θ“ bewahrt. Es gibt darüber hinaus noch weitere Sprachen, in denen sie auftreten, zu den bekannteren in Europa zählen Spanisch und Albanisch.

Das Wort *Pause*, das die zeitlich begrenzte Unterbrechung eines Vorgangs bezeichnet, wurde im 14. Jahrhundert als „puse“ ins

Mittelhochdeutsche übernommen. Historische Vorformen dieses Wortes sind altfranzösisch „pose“ und lateinisch „pausa“, die wiederum aus altgriechisch παῦσις, *paũsis*, heutiges Griechisch παύση entlehnt sind. Im heutigen Griechisch meint παῦσις, *paũsis* „Rast“, „Stillstand“, womit sich der Kreis schließt.

Priester leitet sich vom griechischen πρεσβύτερος, *presbyteros* her, welches im Deutschen „Ältester“ bedeutet[17]. In den meisten europäischen Sprachen findet sich als Ableitung „Presbyter“, andere Sprachen beziehen sich auf das Bedeutungsfeld von griech. ἱερός, *hierós*, dt. heilig, geweiht oder lat. *sacerdos*, dt. Priester.

Hätten Sie gewusst, dass sich auch das Wort *Penner* bis ins Griechische zurückverfolgen lässt? Das Altgriechische bezeichnete die Armut durch das Wort πενία, *penia*[18]. Das deutsche Wort *Penner* hat also den gleichen Stamm und unterscheidet sich nur durch die Endung.

Das Wort *Vater* hat seine heutige Form über viele Entwicklungsstufen herausgebildet (mittelhochdt. *vater*, althochdt. *fater*, gotisch *fadar*, grch. πάτερ, *pater*). Im Zuge der Lautverschiebung hat sich lediglich der erste griechische Buchstabe geändert, und zwar von P zu V.

---

17 In Griechenland begegnete man alten Menschen mit besonderer Hochachtung. Alt zu werden galt als Belohnung der Frömmigkeit eines Menschen und wurde als besonderer göttlicher Segen betrachtet.

18 Πενία, *penia* ist etymologisch aus dem Verb πένομαι, *penome* entlehnt, was den Mangel an Lebensnotwendigem zum Ausdruck bringt. Der Geschichtsschreiber Herodot stellte vor Tausenden von Jahren fest: „Τῇ Ἑλλάδι πενίη σύντροφός ἐστι …“, zu deutsch: „In Griechenland ist die Armut ein ständiger Begleiter.“ – Ein griechisches Sprichwort lautet: „Η πενία τέχνας κατεργάζεται” („*Penia technas katergazete*“) und bedeutet „Armut macht erfinderisch“.

Das deutsche Wort *Erde* ist – so meine Hypothese – vom altgriechischen Adjektiv ἔϱ(ας)δε, *ér(as)de*, was „auf die Erde" oder „zur Erde" bedeutet, herzuleiten. Vieles spricht dafür, dass diese Hypothese verifizierbar ist. Als *Ma Ya*, als Mutter Erde, sahen die Griechen sie an. Diese Vorstellung wurde im Laufe der Menschheitsentwicklung von vielen Kulturen und Religionen aufgegriffen und zum Mittelpunkt ihres Weltbildes gemacht. Die *Erde* – Γαία, *Gäa, Gaia, Ge* – wurde als Gebärerin, als Göttin, Geliebte oder Mutter verehrt. Nach der griechischen Mythologie ist sie ohne Befruchtung entstanden[19]. Da die Griechen die *Erde* im dorischen Dialekt als *Ma Ga*, Mutter Erde, bezeichneten und sie in der Göttin *Gaia*, die viele Nachkommen gezeugt hat, personifiziert sahen, liegt für mich die Vermutung sehr nahe, dass das deutsche Wort „Erde" in Anlehnung an das Griechische „die Gebärerin", „die Gebärende" bedeutet.

Das Wort *Mutter* lässt sich über mittelhochdt. *muoter*, althochdt. *muoter*, germanisch *moder* auf indogermanisch *mater* zurückführen. Das griechische Wort μήτηϱ, *meter* ist als *māter* ins Latein und von da weiter ins Deutsche gewandert. Die wortgeschichtlichen Varianten lassen sich auf die gemeinsame Stammform *māter*, dt. Mutter, zurückführen. „Mā", das Lall-

---

19 Nach der griechischen Mythologie war vor dem Anbeginn der Zeit das *Chaos*, ein gähnender Schlund ohne Anfang und Ende. Es bestand aus finsteren Nebeln, in denen schon die Urbestandteile allen Lebens lagen: Erde, Wasser, Feuer, Luft. Die Finsternis (*Erebos*) und die Nacht (*Nyx*) erhoben sich aus dem Schlund, vereinigten sich und gebaren den Äther (*Aither*) und den Tag (*Hemera*). Das erste göttliche Wesen, das dem Chaos entsprang, war die Erdmutter *Gaia*. Die Welt um sie herum war noch leer und ungeformt. So zeugte *Gaia* aus sich *Uranos* (Himmel) und *Tartaros* (Unterwelt). Doch noch war das Werk unvollständig und so verband sich die Erdmutter mit ihrem Sohn *Uranos* und zeugte *Okeanos* (Ozean) und *Tethys* (Meer, Schwester und Gemahlin des Titanen *Okeanos*), aus deren Verbindung die Flüsse und die Okeaniden, Meeresnymphen, hervorgingen. Weitere Kinder folgten. Aus anderen Verbindungen entstanden die Sonne (*Helios*), der Mond (*Selene*) und die Morgenröte (*Eos*).

wort von Kleinkindern für „Mutter", leitet sich her aus dem griechischen Wort mā gā mā´ (μᾶ) im Ausruf mā´ gā´ (μᾶ γᾶ), dt. „o Mutter Erde". Dupliziert liegt es den unter „Mama" dargestellten Wörtern zugrunde.

Das Wort „Mama" oder ähnliche Formen findet sich weltweit in fast allen Sprachen. Weil die Silbe „ma" durch bloßes stimmhaftes Öffnen des Mundes entsteht und bereits von einem Säugling sehr leicht auszusprechen ist, ist es häufig das erste Wort, das Menschen lernen. Die weite Verbreitung – viele Fremd- und Lehnwörter der deutschen Sprache leiten sich aus der griechischen Form ab – wird auch mit der Herkunft des Wortes aus einer gemeinsamen indogermanischen Ursprache erklärt, in der es schon für den Begriff „Mutter" gestanden haben könnte. Die folgende kleine Auswahl der sprachlichen Varianten kann die Verbreitung augenfällig machen:

- altgriechisch: μητήρ (*metér*), μητέρα (*mitéra*) oder μάνα (*mána*)
- bulgarisch: *majka*, майка
- lateinisch: *mater, matrix, mamma*
- tschechisch: *matka, matinka*
- slowakisch: *matka, mamka*
- polnisch: *matka*
- albanisch: *matrice* („Mutterleib")
- serbokroatisch: мајка, *majka*
- spanisch: *madre*
- bosnisch, kroatisch: majka
- persisch: مادر, *mādar*
- altenglisch: *modor*
- altirisch: *mathir*
- altindisch: *matar*
- sanskrit: *matr*
- rumänisch: *mamă*

Angesichts der zahlreichen offensichtlichen Parallelen und der Affiliation der beiden Sprachen scheint es berechtigt, dass die eingangs aufgestellte These aus gutem Grund zu der Behauptung erweitert werden kann:

Griechen und Deutsche haben gemeinsame Ursprünge.

Griechische Mythologie lebt in deutschen Sprachbildern und Redewendungen weiter

Viele deutsche Redewendungen lassen sich auf die griechische Mythologie[20] oder Philosophie zurückführen und werden viel leichter verständlich, wenn man die mythologischen Erzählungen kennt. Im Folgenden sind Beispiele zusammengestellt, die Ihnen diese Tatsache vor Augen führen sollen.

- Unauflösbar wie ein *gordischer Knoten* scheint so manche schwierige Situation. Was liegt dieser Vorstellung zugrunde? Am Streitwagen des Königs Gordios waren an der Deichsel kunstvoll verknotete Seile befestigt. Das Orakel von Delphi prophezeite, dass wer diesen gordischen Knoten lösen könne, die Herrschaft über Asien erringen werde. Nach Plutarch ist Alexander dem Großen im Jahr 333 v. Chr. auf seinem Feldzug gegen Persien gelungen, was andere vor ihm vergeblich versucht hatten. Er habe erkannt, dass der gordische Knoten mit konventionellen Mitteln nicht zu lösen sei und habe ihn einfach mit seinem Schwert durchgehauen. Auf diese Weise hat er das Problem gelöst, die Prophezeiung hat sich erfüllt. Auch für scheinbar unlösbare Probleme gibt es manchmal einfache Lösungen: *Gordische Knoten* kann man im einen oder anderen Fall einfach durchhauen.

- Falls über Ihnen ein *Damoklesschwert* schwebt, sind Sie stets einer drohenden Gefahr ausgesetzt. Worauf bezieht

20 Das Wort leitet sich her aus grch. μύθοι, *mythoi*, dt. Geschichten, und λέγειν, *legein*, dt. erzählen, Sagenwelt (veraltet).

sich diese Redewendung? Damokles war der Legende nach ein Günstling des Tyrannen Dionysios I., der in der ersten Hälfte des 4. Jahrhunderts v. Chr. gelebt haben soll. Er wird als ein Höfling beschrieben, der mit seinem Leben unzufrieden war, denn er beneidete den Tyrannen um dessen Macht und Reichtum und hob in seinen Schmeicheleien stets deren Vorzüge hervor. Dionysios beschloss daher, ihm anhand des sprichwörtlichen *Damoklesschwerts* eine Lektion zu erteilen. Der Herrscher lud Damokles zu einem Festmahl ein und bot ihm einen Platz an der königlichen Tafel an. Zuvor ließ er jedoch über diesem Platz ein großes Schwert aufhängen, das lediglich von einem Rosshaar gehalten wurde. Als Damokles das Schwert über seinem Kopf bemerkte, war es ihm unmöglich, den dargebotenen Luxus zu genießen. Schließlich bat er darum, auf die Auszeichnung (und die damit verbundene Bedrohung) verzichten zu dürfen. Damokles hatte seine Lektion erhalten und begriffen, dass Reichtum und Macht keinen Schutz vor Gefahren bieten, sondern diese erst verursachen.

- *Platonische Liebe* ist ein Begriff, der auf den griechischen Philosophen Platon (428–347 v. Chr.) zurückgeht. Im heutigen Sprachgebrauch versteht man darunter die Beziehung zweier Menschen, die sich lieben, jedoch kein sexuelles Interesse aneinander haben oder aber auf eine erotische Beziehung mit sexueller Erfüllung verzichten.

- Noch heute reden wir von *drakonischen Strafen*, wenn wir besonders harte Strafen meinen. Drakon, der als Politiker die damalige Gesetzgebung in Athen reformiert hat, wurde um 650 v. Chr. geboren. Die drakonische Gesetzgebung wurde im antiken Griechenland als außerordentlich grausam empfunden. Auch heute gilt sie sprichwörtlich als übertrieben hart, eben drakonisch.

- Ein *Danaidenfass*, ein „Fass ohne Boden“, kann selbst bei großem Aufwand nicht voll werden, alle Mühe ist vergeblich. Zugrunde liegt die Erzählung von den Töchtern des Königs Danaos. In der Nacht ihrer erzwungenen Hochzeit ermordeten sie ihre Ehemänner. Zur Strafe mussten sie in der Unterwelt ein durchlöchertes Fass mit Wasser füllen, ein aussichtsloses Unterfangen.

- Eine *Sisyphusarbeit* unternimmt, wer schwere, aber vergebliche Arbeit leistet und sich dabei sinnlose Anstrengungen abverlangt. Sisyphus, König von Korinth, wurde von Zeus dazu verurteilt, in der Unterwelt einen Felsbrocken einen Berg hinaufzurollen, der jedes Mal, wenn er fast oben angekommen war, wieder hinunterrollte. Auch diese Aufgabe barg ein unerhörtes Frustrationspotenzial.

- Wer etwas mit *Argusaugen* beobachtet, hat einen scharfen Blick, dem nichts entgeht. Er ist stets wachsam wie der Riese Argos (Argus), der hundert Augen hatte, von denen nur ein Teil schlief, während die übrigen wachten. So wählte ihn die eifersüchtige Göttin Hera aus, um zu verhindern, dass ihr Gatte Zeus und seine Geliebte Io zu Schäferstündchen zusammenkamen.

- *Kassandrarufe* warnen vor unheilvollen Entwicklungen. Wegen ihrer Schönheit schenkte der Gott Apollon Kassandra die Gabe der Weissagung. Als sie seine Liebe nicht erwiderte, verfluchte er sie und ihre Nachkommen jedoch, damit niemand ihren Weissagungen Glauben schenken würde. Deshalb ist Kassandra in der griechischen Mythologie eine tragische Figur, die stets das Unheil voraussah, aber niemals Gehör fand.

- Was für jemanden *das A und O* ist, hat für ihn besondere Bedeutung und ist von essenzieller Wichtigkeit. *Alpha* und *Omega* (*A und Ω*), der erste und letzte Buchstabe des griechischen Alphabets, stehen als Symbol für Anfang und Ende, also für das Umfassende, Wesentliche. In der „Apokalypse", der „Offenbarung des Johannes" im Neuen Testament, bezeichnet sich Jesus Christus als „das Alpha und Omega", er ist demnach der Erste und der Letzte, der Anfang und das Ende.

- Wem es gelingt, *die Gelegenheit beim Schopf zu packen*, der weiß eine gute Gelegenheit, glückliche Umstände oder den Zufall schnell zu nutzen. Diese Redewendung bezieht sich auf den griechischen Gott Kairos, der ständig in so schneller Bewegung war, dass man kaum bemerkte, wenn er kam. Es gab nur eine Möglichkeit, ihn festzuhalten, nämlich ihn ohne zu zögern blitzartig an seinem langen Haarschopf, der ihm in die Stirn fiel, zu packen. Das konnte nur von vorn geschehen, da sein Hinterkopf kahlgeschoren war.

- *Tantalusqualen* leidet man, wenn etwas Ersehntes zwar in greifbarer Nähe, aber dennoch unerreichbar ist. Tantalus, Sohn des Zeus und Herrscher über Lydien, maßte sich in der griechischen Mythologie an, die Allwissenheit der Götter auf vorwitzige Weise zu prüfen: Er lud die Götter zu einem Mahl ein, tötete seinen Sohn Pelops und setzte ihn seinen Gästen als Speise vor. Von all seinen Einfällen muss dieser der mit Abstand schlechteste gewesen sein, denn natürlich erkannten die Götter die grausige Beschaffenheit des Essens und verdammten ihn zur Strafe zu *Tantalusqualen* in der Unterwelt: Bis zum Kinn stand er unter einem Obstbaum im Wasser, litt aber dennoch Hunger und Durst, weil Früchte und Wasser stets vor ihm zurückwichen, wenn er danach griff.

- *Stoische Ruhe* zeigen Menschen von unerschütterlichem Gemüt. Die Philosophen der griechischen Stoa übten sich in der Beherrschung der Emotionen und strebten nach Gelassenheit und Seelenruhe, um so ihren Platz in der universellen Weltordnung zu erkennen und auszufüllen. Die kosmologische, auf Ganzheitlichkeit der Welterfassung gerichtete Betrachtungsweise ist ein Grundprinzip dieser Philosophenschule.

- Einen *Ödipuskomplex*[21] entwickeln Söhne, die eine zu enge Bindung an die Mutter haben. Der Begriff bezieht sich auf das tragische Schicksal des Königs Ödipus, der – ohne es zu wissen – seinen Vater tötete und seine Mutter zur Frau nahm. Man spricht auch von einem *Ödipuskonflikt* oder umgangssprachlich von „Muttersöhnchen".

Ist es im Deutschen möglich, das Wort „Sieg" so zu verwenden, dass man eher das Gegenteil zum Ausdruck bringt? Nein, es sei

21 Der Begriff beschreibt nach Sigmund Freud die Gesamtheit der ambivalenten Wünsche – seien es Liebeswünsche oder feindselige – die ein Kind während der phallischen bzw. *ödipalen* Phase seiner psychosexuellen Entwicklung an seine Eltern hat. Unbewusst richten sich die sexuellen Wünsche des Kindes an den Elternteil entgegengesetzten Geschlechts, während es für den gleichgeschlechtlichen Elternteil, den es als Rivalen betrachtet, Eifersucht und Hass empfindet.

denn, man bildet das Kompositum *Pyrrhussieg*, wodurch Bezug auf die griechische Geschichte genommen wird:

- Der Pyrrhussieg ist eine Metonymie für einen zu teuer erkauften Erfolg, der einer Niederlage gleichkommt. Im ursprünglichen Sinne geht der Sieger aus dem Konflikt ähnlich geschwächt hervor wie ein Besiegter. Der Ausdruck geht auf König Pyrrhos I. von Epirus (319/318–272 v. Chr.) zurück. Dieser soll, so Plutarch, nach seinem Sieg über die Römer in der Schlacht bei Asculum 279 v. Chr. einem Vertrauten gesagt haben: „Noch so ein Sieg, und wir sind verloren!"

Sicher haben Sie diese sprachlichen Bilder oder die eine oder andere Redewendung schon selbst verwendet oder gehört, denn sie sind – wie noch viele andere – im Gegenwartsdeutsch sehr lebendig, ohne dass einem die griechische Herkunft immer bewusst ist.

Griechen und Deutsche verwenden synonyme Redewendungen

Auf die Affinität zwischen Griechisch und Deutsch weisen ebenfalls synonyme idiomatische Redewendungen hin, Redewendungen also, die in beiden Sprachen mit der gleichen Bedeutung existieren und damit meine *Hypothese*[22] stützen.

Wer von wem „abgeschrieben“ hat, möchte ich aufgrund meiner Befangenheit als Grieche nicht entscheiden. Sehen Sie selbst:

Αχίλλειος πτέρνα [Achileios pterna], dt. Achillesferse	*Achillesferse:* Eine Schwachstelle, eine verwundbare Stelle an einem ansonsten Schwächelosen (nach dem griechischen Heros Achilles). Thetis, Achilles‘ Mutter, tauchte ihn, so die Sage, in das Wasser von Styga, damit Achilles unsterblich werde. Dabei sei eine Stelle vom Wasser nicht bedeckt worden, da das Neugeborene von seiner Mutter

22 Eine *Hypothese* (aus dem grch. υπόθεσις über das spätlateinische *hypothesis* wörtlich für „Unterstellung“) ist eine Aussage, deren Gültigkeit man für möglich hält, die aber nicht bewiesen, nicht verifiziert ist. Es ist üblich, bei Hypothesen die Bedingungen anzugeben, unter denen sie gültig sein sollen. Der griechische Philosoph Platon (428 v. Chr.) behandelte das Thema der Hypothese mehrfach, auch in seinem Dialog „Phaidon“: „Ich lege meiner Untersuchung immer eine Behauptung zugrunde, die ich für besonders stark halte; und das, von dem ich dann den Eindruck habe, dass es damit in Einklang steht, nenne ich wahr, was dagegen damit nicht in Einklang zu stehen scheint, nenne ich unwahr.“

an den Fersen festgehalten wurde, und folglich ist eine verwundbare Stelle übrig geblieben. So hat der vergiftete Pfeil von Paris mithilfe Apollos die Ferse von Achilles getroffen und letzterer ist dieser Verletzung erlegen. Das Motiv findet sich unter anderem in der Nibelungensage wieder. Hier bedeckt ein Lindenblatt eine Stelle am Rücken Siegfrieds, als dieser sich im Drachenblut badet, um unverwundbar zu werden. An ebendieser einzigen verwundbaren Stelle wird er im späteren Verlauf der Sage von Hagen mit einem Speer hinterrücks heimtückisch ermordet. Der Begriff wird heute vor allem als Metapher verwendet und bezeichnet eine verwundbare Stelle eines Systems oder einer Taktik.

Ο μίτος της Αριάδνης [O mitos tis Ariadnis], dt. Ariadnefaden/ Leitfaden

Ariadnefaden/Leitfaden: Ein Hilfsmittel, um sich aus einer schwierigen Lage zu befreien (wie der Faden der Ariadne, mit dessen Hilfe Theseus den Weg aus dem „unentrinnbaren“

Labyrinth des Minotaurus fand).

Ο σταύλος του Αυγεία [O stavlos tou Avgeia], dt. Augiasstall	*Augiasstall:* Ein Ort des Drecks und der Unordnung, der nach Reinigung und Säuberung „schreit". Der Sage nach bestand eine der zwölf legendären Aufgaben des Herakles darin, die Rinderställe des Augias, Sohn des Helios (dt. Sonne), binnen eines Tages auszumisten, in denen die stattliche Anzahl von über 3 000 Rindern gehalten worden sein soll. Die erfolgreiche Beendigung der Arbeit symbolisiert die Reinigung des Geistes von „schmutzigen" Mängeln. Die zwei Flüsse, derer sich Herakles dabei bediente (als Halbgott leitete er standesgemäß das Wasser zweier Flüsse um, anstatt zur Mistgabel zu greifen), symbolisieren die Konzentration des Lichts (Al-feios) und die Unterwerfung der Materie (Pe-neios) durch den Geist.
Το μήλο της Έριδας [To milo tis Eridas], dt. Erisapfel/Zankapfel	*Erisapfel/Zankapfel:* Der Grund eines Streits, der Anlass für einen Streit (in der griechischen

	Mythologie streiten sich die Göttinnen Hera, Athene und Aphrodite um einen goldenen Apfel mit der Aufschrift „für die Schönste“, den Eris, die Göttin der Zwietracht und des Streites, unter die Göttinnen warf, mit der Absicht – wer hätte das gedacht? –, einen Streit unter ihnen zu entfachen).
Ηράκλειος άθλος [Irakleios athlos], dt. Herkulesaufgabe	*Herkulesaufgabe:* Eine gewaltige Aufgabe, deren Bewältigung eines großen Mannes – vom Format eines Herkules – bedarf.
Κέρβερος [Kerveros], dt. Zerberus	*Zerberus* (vor allem in der Wendung „wie ein Zerberus über etwas wachen“): Ein aufmerksamer Wächter, an dem es kein Vorbeikommen gibt (nach dem dreiköpfigen Höllenhund an der Pforte zum Hades, dt. Unterwelt).
Το κουτί της Πανδώρας [To kouti tis Pandoras], dt. die Büchse der Pandora	*Die Büchse der Pandora:* Enthielt nach Überlieferung der griechischen Mythologie alle der Menschheit bis dahin unbekannten Übel, wie Krankheit, Tod und – schlimmer noch – Arbeit.

Auf Befehl des Zeus wird Pandora von Hephaistos aus Lehm geschaffen, um Rache für den Feuerdiebstahl seitens des Prometheus zu nehmen. Pandora erhält zu diesem Zweck eine Büchse (Krug), die alle Übel der Welt, aber auch die Hoffnung enthält. Hermes bringt Pandora zu Epimetheus, dem Bruder des Prometheus, der ihn aber warnt, Geschenke des Zeus anzunehmen. Doch Epimetheus ignoriert diese Warnung und heiratet Pandora. Sie öffnet die Büchse, die ihr Zeus gab, und die darin aufbewahrten Plagen kommen in die Welt. Parallelen zwischen dem Pandora-Mythos und dem biblischen Sündenfall sind erkennbar: Pandora steht hier als die verführende Eva und Epimetheus als der sich verführen lassende Adam. In beiden Mythen sind es Frauen, die das Unheil über die Menschheit bringen. Diese *Misogynie* (von altgriechisch μισόγυνος, *misógynos*, „Weiberfeind", gebildet aus μισεῖν, *misein*, „hassen" sowie aus γυνή, *gyné*, „Frau") ist charakteristisch für die Übergangszeit vom Matriarchat hin zum Patriarchat.

Το σύμπλεγμα της Ηλέκτρας [To symplegma tis Ilektras], dt. Elektrakomplex

Elektrakomplex: Die überstarke Bindung einer weiblichen Person an den Vater bei gleichzeitiger Feindseligkeit gegenüber der Mutter; es ist also das weibliche Gegenstück zum Ödipuskomplex. Der Name leitet sich von der griechischen Sagengestalt Elektra her, die ihrem Bruder Orest dabei half, ihre Mutter Klytaimnestra und ihren Stiefvater Aigisthos zu ermorden.

Αποκύημα του εγκεφάλου [apokyima tou engefalou], dt. Kopfgeburt

Kopfgeburt: Eine mühsam entwickelte Idee/etwas Erdachtes, das mit der Realität nicht übereinstimmt, nach der Geburt der Göttin Athene. Zeus erfuhr, dass seine erste Frau, Metis, ein Kind gebären und ihn entthronen würde, sodass er – was hätten Sie getan? – nicht lang zögerte und seine schwangere Frau kurzerhand verschlang. Als Zeus dann unter unerträglichen Kopfschmerzen litt, rief er Hephaistos, den Gott des Feuers und der Kunstschmiede, um ihm zu Hilfe zu eilen. Hephaistos nahm einen großen Hammer, schlug Zeus damit auf den Kopf, und siehe da: Athene entsprang dem Kopf des Zeus – bewaffnet, einen Helm tragend und ein Schild haltend. Als sie Zeus erblickte, warf sie alles zu seinen Füßen, als Beweis dafür, dass sie ihn als höchsten Gott anerkannte.

Ναρκισσισμός [Narkissismos], dt. Narzissmus

Narzissmus: Selbstverliebtheit, übermäßige Eitelkeit. Der Ausdruck leitet sich von der griechischen Sagengestalt des Narziss ab, einem schönen Jüngling, der, die Liebe anderer zurückweisend, sich in sein eigenes Spiegelbild verliebte und infolgedessen umkam. Umgangssprachlich haften dem Wort „Narzissmus“ meist negative Bedeutungen an.
Im Alltagsverständnis ist ein Narzisst ein Mensch, der sich sehr auf sich selbst bezieht und dabei andere vernachlässigt. Auf der spirituellen Ebene ist

ein Narzisst ein Mensch, der den Kontakt zum Sein verloren hat, d. h. ihm fehlt jeglicher Bezug zum „Sinn des Lebens“, zum „Eigentlichen“ und zum „Glück“.

Αμαζόνα [Amazona], dt. Amazone

Amazone: Ein kriegerisches oder streitsüchtiges Weib. In den griechischen Mythen und Sagen werden Völker beschrieben, bei denen Frauen „männergleich“ in den Kampf zogen. Einige Forscher gehen davon aus, dass die Amazonenmythen auf Erinnerungen an frühere Ereignisse gründen, bei denen Griechen im kleinasiatischen Raum auf mutterrechtlich organisierte und von Frauen regierte Völker getroffen seien sollen. Solche Kontakte müssten vor dem 8. vorchristlichen Jahrhundert stattgefunden haben, da dem Dichter Homer zu jener Zeit bereits frühere Erzählungen über Amazonen bekannt waren. Ab etwa 600 v. Chr. wurde die kleinasiatische Schwarzmeerküste von den Griechen besiedelt, wobei sie auch älteren Völkern begegneten, die ihre Erbfolge über Mütter an Töchter regelten und bei denen der familiäre Wohnsitz bei der Frau lag.

Νυμφομανία [Nymphomania], dt. Nymphomanie

Nymphomanie: (von grch. νύμφη, *nýmphē*, dt. Braut, sowie μανία, *manía*, dt. Wahnsinn, Raserei) ist die Bezeichnung für ein gesteigertes Verlangen von Frauen nach Geschlechtsverkehr, nach den liebesgierigen und hingabewilligen Nymphen.

Κομίζω γλαύκα εις Αθήνας [Komizo glafka eis Athinas], dt. Eulen nach Athen tragen

Eulen nach Athen tragen: Etwas Nutzloses, Überflüssiges tun/etwas tun, das praktisch bereits erledigt wurde (die Eule galt in der Antike als Symbol der Weisheit. Diese in die Stadt der Weisheitsgöttin Athene zu tragen, erschien den Zeitgenossen widersinnig, da angenommen wurde, dass es dort bereits Weisheit im Überfluss gebe, mehr Weisheit als irgendwo sonst).

Προκρούστεια κλίνη [Prokrousteia klini], dt. Prokrustesbett

Prokrustesbett: Ein striktes Schema, das schmerzhafte Anpassung nötig macht oder eine Lösung, die keinem der Betroffenen gerecht wird (nach dem Riesen Prokrustes, der Menschen durch Strecken oder Verstümmelung auf die Größe seines eigenen Bettes anpasste). Im übertragenen Sinn nennen wir heute ein starres Schema, das schmerzhafte Anpassungen erfordert, ein Prokrustesbett.

O βράχος του Σίσυφου [O vrachos tou Sisypfou], dt. Sisyphosfels

Sisyphosfels (Felsblock des Sisyphos): Eine Bürde, eine schwer zu bewältigende Last.

Μεταξύ Σκύλλας και Χάρυβδης [Metaxy Skyllas kai Charyvdis], dt. Zwischen Skylla und Charybdis

Zwischen Skylla und Charybdis: Vor der Wahl zwischen zwei Übeln stehen (wie Odysseus, der eine Meerenge durchsegeln musste, die von den zwei gefräßigen Ungeheuern Skylla und Charybdis bewacht wurde).

Σφίγγα [Sfinga], dt. Sphinx

Sphinx (grch. Σφίγξ, „*Würgerin*"): Eine Person, die von Rätseln umgeben ist und daher viele Fragen aufwirft oder aber sich unverständlich, gleichsam „in Rätseln" ausdrückt und deswegen nur schwer verständlich ist. Die Sphinx hielt sich auf einem Berg außerhalb von Theben auf und gab den vorbeikommenden Reisenden ein Rätsel auf. Keiner konnte das Rätsel lösen, alle wurden von ihr erwürgt und dann verschlungen. Das Rätsel lautete: „Was ist es, das eine Stimme hat und vierbeinig, zweibeinig und dreibeinig wird?" Ödipus löste das Rätsel, dessen Antwort „der Mensch" ist: Als Kleinkind krabbelt er auf allen Vieren, als Erwachsener geht er auf zwei Beinen und im Alter braucht er einen Stock als drittes Bein. Als Ödipus die richtige Antwort gab, stürzte sich die Sphinx von ihrem Felsen und starb. So war Theben von diesem Dämon befreit.

Συμπληγάδες [Sympligades], dt. Symplegaden	*Zwischen den Symplegaden sein:* Von einer großen Gefahr bedroht sein (wie die Argonauten zwischen den Symplegaden-Felsen, die sie zu erdrücken drohten).
Μέντορας [Mentoras], dt. Mentor	*Mentor:* Ein älterer, väterlicher Freund (wie Mentor, der sich in der Ilias Odysseus' Sohn Telemachos annahm).
Σατυρισμός [Satyrismos], Satyrismus	*Satyrismus:* Die männliche Nymphomanie, das übermäßige sexuelle Verlangen beim Mann. Satyr (grch. Σάτυρος, *Satyros*) ist in der griechischen Mythologie ein Dämon im Gefolge des Dionysos. Er repräsentiert das männliche Prinzip gegenüber den Nymphen.
Γίγαντας [Gigantas], dt. Gigant	*Gigant:* Ein körperlich, geistig und leistungsmäßig herausragender Mensch (wie die riesenhaften Giganten, siehe auch gigantisch, Gigantomanie).

Πυγμαλίων
[Pygmalion]

Pygmalion: Jemand, der von seinem eigenen Werk übermäßig beeindruckt ist (wie der mythische König und Bildhauer Pygmalion, der sich in eine Aphrodite-Statue verliebte und deswegen die Göttin Aphrodite bat, ihm eine Frau zu schenken, so schön wie die Statue).

Λίχας
[Lichas]

Lichasdienst: Eine gut gemeinte Leistung, die sich für denjenigen, dem sie erbracht wird, nachteilig auswirkt (nach Lichas, dem Diener des Herakles, der im Glauben, seinem Herrn einen segensreichen Dienst zu erweisen, diesem das vergiftete Hemd des Nessos brachte).

Αφροδισιακό
[Aphrodisiako],
dt. Aphrodisiakum

Aphrodisiakum: Ein Mittel zur Steigerung des Liebesempfindens und der Aktivität der Sexualorgane (nach der Göttin Aphrodite).

Das griechische Alphabet stand dem Deutschen vielfach Pate

Bis heute hat sich das griechische Alphabet unverändert erhalten; die klassische Ausprägung der Antike und die neugriechische Variante der Gegenwart sind bis auf kleine Unterschiede identisch. Wie schon angemerkt war der Einfluss des griechischen Alphabets von Anfang an weitreichend. Schon die älteste schriftlich überlieferte germanische Sprache, die gotische Sprache, die inzwischen nicht mehr gesprochen wird, ist von Bischof Wulfila im 4. Jahrhundert auf der Grundlage des griechischen Alphabets entwickelt worden und geht also auf dieses zurück. Die meisten gotischen Texte sind Übersetzungen oder Glossen aus anderen Sprachen (hauptsächlich aus dem Griechischen), sodass davon ausgegangen werden kann, dass vor allem griechische Elemente diese Texte beeinflusst haben.

Bis hin zu den modernen Wissenschaften ist das griechische Alphabet gern genutzter Namensgeber, und die Zahl der Produkte, Firmennamen und Marken, die werbewirksam aus der griechischen Quelle schöpfen, ist enorm.

Wie bereits angemerkt, vermarktet Sony seine Spiegelreflexkamera unter dem Namen *Alpha* und auch in der Automobilbranche hat Griechisch einen guten Klang. Nicht vergessen werden sollte in diesem Zusammenhang natürlich, dass das Wort *Automobil* selbst aus dem Griechischen und Lateinischen stammt und bei einer Übersetzung der einzelnen Komponenten aus den Ursprungssprachen im Deutschen ein „selbstbewegendes [Fahrzeug]" wäre[23]. Fiat benennt ein solches „selbstbewegen-

23 *Automobil* ist ein substantiviertes Adjektiv. Es ist abgeleitet aus grch. αυτός, *autos*, dt. selbst, und lat. *mobilis*, dt. beweglich, und diente zur Unterschei-

des" Modell ebenfalls nach dem ersten Buchstaben des griechischen Alphabets *Alpha* (Α, α). Das Unternehmen Lancia wählt zwei andere Buchstaben, nämlich *Delta* und *Ypsilon* (Δ, δ und Υ, υ), zur Bezeichnung seiner Automarken. Auch *Delta*-Airlines und *Delta*-Radio greifen mit ihrer Firmenbezeichnung auf das griechische Alphabet zurück, für dessen letzten Buchstaben sich die Schweizer Luxusuhren-Manufaktur *Omega* (Ω, ω) mit ihren Produkten entscheidet.

In den Naturwissenschaften greift man ebenfalls oft auf griechische Buchstaben zurück. So werden Winkel in der Geometrie meist mit griechischen Kleinbuchstaben bezeichnet. Viele spezielle Funktionen sind ebenso wie zahlreiche mathematische und physikalische Konstanten mit griechischen Buchstaben belegt. Die wohl bekanntesten Beispiele sind die Kreiszahl π und die lemniskatische Konstante ϖ. Daher spielt das griechische Alphabet beim Formelsatz eine wichtige Rolle.

Auch in anderen Fällen findet das griechische Alphabet häufig Verwendung:

- In der Verhaltensforschung bezeichnet man als *Alpha*tier (grch. Α, α, *Alpha*) das Leittier einer Herde, ihm folgen die *Beta*tiere (grch. Β, β, *Beta*), die rangniedrigsten werden *Omega*tiere (grch. Ω, ω, *Omega*) genannt.
- In der Physik unterscheidet man *Alpha-*, *Beta-* und *Gamma*strahlung.
- Unterschiedliche Entwicklungsstadien von Software werden *Alpha-* und *Beta*-Versionen genannt.
- In der Biologie und Chemie kennzeichnen verschiedene

dung von den üblichen Landfahrzeugen, die damals von Pferden gezogen wurden.

Buchstaben des griechischen Alphabets unterschiedliche Formen.
- Griechische Buchstaben sind beliebte typografische Elemente.

Wie zahlreich in den verschiedensten Bereichen auf die Buchstaben des griechischen Alphabets zur Benennung zurückgegriffen wird, soll der folgende Überblick veranschaulichen:

Alpha	Α, α	Alphatier, Alphastrahlung, Alpha-Wellen
Beta	Β, β	Beta-Version, Beta-Test, Betablocker, Betafaktor
Gamma	Γ, γ	Gammastrahlen, Gammablitz, Gammazismus
Delta	Δ, δ	Delta-Kodierung, Delta-Werke
Epsilon	Ε, ε	Epsilon-Geminiden, Epsilon-Perseiden, Epsilontik
Zeta	Ζ, ζ	ζ-Funktion, Zetabyte
Eta	Η, η	Eta-Aquariiden, Eta-Eta-Cariniden
Theta	Θ, θ	Theta-Centauriden, Theta: Name eines Ortsteiles von Bindlach in Oberfranken
Jota	Ι, ι	Jesus: „Denn ich sage euch: Bis der Himmel & die Erde vergehen, soll auch nicht ein Jota oder ein Strichlein von dem Gesetz vergehen, bis alles geschehen ist.“
Kappa	Κ, ϰ	Kappa- und Lambda-Proteine

Lamda	Λ, λ	Lambdasonde, Logo von Lambda Physik, Lambda: Automodell von Lancia
My	Μ, μ	das Mikrozeichen, μ-Funktion
Ny	Ν, ν	Symbol für Neutrino & kinematische Viskosität
Xi	Ξ, ξ	Bezeichner eines Ξ-Baryons
Omikron	Ο, ο	Namensgeber für Omikron-Systemhaus, Omikron-Basic
Pi	Π, π	Einsatzbereich auf Mathematik, Physik, Astronomie und Technik
Rho	Ρ, ϱ	Rho-Kinase, Rho-Luft, Rho-Protein
Sigma	Σ, σ, ς	Sigma-Faktor, Sigma-Soziologie, Colon sigmoideum
Tau	Τ, τ	Taupunkt, Tau-Protein, Tauzeichen
Ypsilon	Υ, υ	Ypsilon-Hotel in Essen, Ypsilon Audio, Ypsilon-Hotel in Berlin
Phi	Φ, ϕ	Phi-Phänomen, Phi-Funktion
Chi	Χ, χ	Symbol für Jesus Christus: Das griechische X ist der erste Buchstabe des Namens Χϱιστός, dt. Jesus, und symbolisiert zugleich das Kreuz.
Psi	Ψ, ψ	Das Symbol für Psychologie, Psi-Faktor
Omega	Ω, ω	Omega-Fettsäuren

Haben Sie die Beispiele und die Überlegungen davon überzeugen können, wie erheblich der Einfluss des Griechischen auf die deutsche Gegenwartssprache ist? Dieser starke Einfluss wird oft unterschätzt, ja vielen Sprechern ist er nicht einmal bewusst. Vielleicht stimmen Sie mir jetzt zu:

Wir alle sprechen und denken Griechisch!

Die Mentalität von Griechen und Deutschen ist unterschiedlich

Beeinflusst die Sprache, mit der wir aufgewachsen sind, unsere Art, die Welt zu sehen? Bedeutende Wissenschaftler wie Wilhelm von Humboldt und Ludwig Wittgenstein haben das behauptet. Wenn das so ist, kann es dann vollkommene Verständigung zwischen Menschen geben, die verschiedene Sprachen sprechen? Besonders Übersetzer wissen sehr wohl, dass es in vielen Fällen keine Eins-zu-eins-Entsprechung für bestimmte Ausdrücke gibt, dass es manchmal einige Überlegung erfordert, einen Sachverhalt oder einen Gedanken so wiederzugeben, wie er in der Ursprungssprache gemeint ist. Als jemand, der seit vielen Jahren in Deutschland lebt, mit einer deutschen Frau verheiratet ist und viele deutschsprachige Freunde, Bekannte, Klienten und Geschäftspartner hat, weiß ich, dass Menschen verschiedener Muttersprachen oft unterschiedliche Vorstellungen und Ansichten von etwas haben und dass sich ihre Meinungen darüber unterscheiden. So hat sich bei Griechen und bei Deutschen aufgrund der geografischen Lage ihrer Länder, durch das Klima, in dem sie aufwachsen und leben, unter dem Einfluss von Religion und Geschichte eine jeweils eigene Mentalität herausgebildet. Sicherlich spielt dabei die Tatsache eine große Rolle, dass die Griechen viele Jahrhunderte lang unter fremder Herrschaft leben mussten. Trotz dieser Besatzung durch das römische Imperium (über 800 Jahre!)[24]

---

24 Viele Griechen empfinden sich – auch außerhalb des heutigen griechischen Staatsgebiets – noch immer als Romioi, dt. Römer; das zeigt der Name „Romiosini", den sich z. B. ein Verlag für zeitgenössische griechische Literatur und viele griechische Restaurants in großen Städten gegeben haben. Das

und die Türken (etwa 400 Jahre!) gelang es ihnen, ihre Sprache, ihre Kultur und ihre orthodoxe Religion zu bewahren. Sie sind aber in die Moderne katapultiert worden, ohne wie andere europäische Länder Gelegenheit und Zeit für die erforderlichen Entwicklungsschritte zu haben.

Ihre Herkunft aus Ländern mit sehr unterschiedlicher Geschichte und historischen Erfahrungen hat bei Griechen und Deutschen zu unterschiedlichen Einstellungen zu Regeln, Normen und Autoritäten, im privaten Bereich auch zu anderen Lebenseinstellungen geführt. Ein guter Übersetzer kennt die Mentalität, die sich in der jeweiligen Sprache ausdrückt, und er wird versuchen, sie bei seiner Arbeit an den Texten zu berücksichtigen, auch sollte er die Kunst beherrschen, den sprachlichen Klang, die Eigenheiten, die Bilder, die Metaphorik eines Textes aufzunehmen und übernehmen zu können, denn wie Marie Freifrau von Ebner-Eschenbach, österreichische Erzählerin, damals erkannte: „Der Geist einer Sprache offenbart sich am deutlichsten in ihren unübersetzbaren Worten."

Aber welche Besonderheiten unterscheiden Griechen und Deutsche?

So manche Eigenschaften, die ich bei vielen meiner Landsleute kennengelernt habe, halte ich für ausgesprochen schätzenswert und vorteilhaft. Dazu gehören ihre Aufgeschlossenheit, ihre Freundlichkeit, ihre Gewandtheit und Kreativität, ihr

---

byzantinische Erbe spiegelt sich auch im Volksglauben, in Sitten, Gebräuchen, Musik und Literatur wider. Byzantinische Legenden wie z. B. die vom letzten byzantinischen Kaiser Konstantinos Palaiologos, dem der Überlieferung nach zu Marmor versteinerten Kaiser, der eines Tages wiederauferstehen und die Romioi von der Fremdherrschaft befreien soll, leben unverändert als Volksglaube fort. Bis heute identifizieren sich viele Griechen mit ihrem mittelalterlichen Großreich und haben ihr historisches Misstrauen gegenüber dem Westen, der sie nach ihrer Überzeugung aus Gründen der religiösen Machtkämpfe im Stich gelassen habe, nicht aufgegeben.

Hang, das Leben zu genießen, auch ihr Ehrgefühl, ihr Respekt vor älteren Menschen, von dem schon die Rede war, ihr großer Familiensinn und vieles andere mehr.

Als jemand, der durch die Jahre unter Deutschen eine gewisse Distanz und einen anderen Blick auf seine Landsleute gewonnen hat, bemerke ich aber auch Verhaltensweisen, die ihnen das eine oder andere in manchen Situationen erschweren, so z. B. die Neigung zur Übertreibung und zur Widersetzlichkeit[25], teilweise auch eine egozentrische Denkweise, auf die möglicherweise ein häufig erkennbarer Mangel an Disziplin zurückzuführen ist. Stärken sollten wir Griechen meiner Ansicht nach unsere Leistungsbereitschaft und Zuverlässigkeit, unsere Fähigkeit zu realistischer Selbsteinschätzung und unser Interesse am Gemeinwohl.

Und die Deutschen? Nehmen sie tatsächlich ihren Beruf zu ernst und sprechen Probleme zu direkt, zu plump an, wie ihre französischen Nachbarn meinen?[26] Haben vielleicht die Italiener recht, die die Deutschen für ziemlich kaltherzig und deutsche Frauen zwar für selbstbewusst, aber wenig verständnisvoll und

---

25 Diese Neigung führe ich – wie andere Griechen auch – auf die 400-jährige Besatzung durch die Osmanen zurück, welche den Griechen vieles abverlangt hat. Sie haben in dieser Zeit alle Register gezogen, um die Zahlung erdrückender Steuern zu verweigern, Verbote zu umgehen und überhaupt unangemessene Forderungen der Besatzer nicht zu respektieren. Die Steuervermeidung ist bei den Griechen beinahe ein nationaler Trend geworden. In diesem Zusammenhang soll eine Initiative erwähnt werden, die sich als Kinima Den Plirono (grch. κίνημα δεν πληρώνω, dt. Bewegung „Ich bezahle nicht“) bezeichnet. Es handelt sich um eine Bürgerinitiative, die in Griechenland als Reaktion auf die wirtschaftliche Entwicklung des Landes während der Wirtschafts- und Finanzkrise entstanden ist. Sie fordert freie Benutzung öffentlicher Einrichtungen und ruft dazu auf, deren Bezahlung zu verweigern. Sie kandidierte erfolglos bei den Parlamentswahlen im Mai und im Juni 2012.

26 ZEIT ONLINE: Deutschenbild: Das ist ja typisch, Quelle: http://www.zeit.de/campus/2007/04/doktorarbeiten-typisch-deutsch, Stand: 24.07.2015, S. 1

weiblich halten?[27] Oder ist es zutreffend, dass Deutsche – das ist die Sicht polnischer Nachbarn – im Straßenverkehr, am Arbeitsplatz, im Umgang mit Mitmenschen das Gefühl haben, sich und andere kontrollieren zu müssen?[28] Was davon stimmt? Die Begeisterung der Deutschen für den Fußball und ihre Vorliebe für vorschriftsmäßige Mülltrennung (in neun von zehn Haushalten!) lässt sich allerdings statistisch nachweisen[29]. Nach einer Umfrage des Forsa-Instituts halten die Deutschen selbst Fleiß, Strebsamkeit, Disziplin und Pünktlichkeit für ihre hervorstechendsten Eigenschaften[30]. Ist dieses Selbstbild oder ihre angeblich „gelassene Überheblichkeit" in der aktuellen, kritischen Situation Europas ein Grund, sie als „die Ungeliebten" an den Pranger zu stellen?[31] „Der eine ist der andere nicht", das gilt sicherlich ebenso für Griechen wie für Deutsche, die ja alle sehr individuelle Eigenschaften haben. Wie aber unterscheidet sich die Mentalität der Deutschen von der griechischen?

Klischees, Vorurteile und Stereotypen mögen töricht – da wenig reflektiert – sein; dennoch bin ich der Meinung, dass diese ein Körnchen Wahrheit beinhalten. Ich habe die Deutschen über Jahrzehnte als Nachbarn, Geschäftspartner, Freunde und Familie kennengelernt und maße mir daher an zu behaupten, dass der Deutsche ordnungsliebend, gründlich, gut organisiert, leistungsfähig, widerstandsfähig, verlässlich und pünktlich ist.

Auch liebt er die Vielfalt an Brot-, Käse- und Wurstsorten

---

27 Ebd.

28 Ebd., S. 2

29 Vgl. Walter Krämer: Typisch deutsch. Was uns von anderen unterscheidet. Berlin: University Press, 2013

30 Marktforschung. Das Portal für Markt-, Medien- und Meinungsforschung: Deutschland ist ein Auswandererland. Quelle: htttp://www.marktforschung.de/nachrichten/marktforschung/deutschland-ist-ein-auswandereland/2008/02/14, Stand: 24.07.2015

31 Adam Soboczynski, Das Ansehen der Deutschen – Die Ungeliebten. In: Die Zeit (2015-07-23), Nr. 30, S. 3925

und die traditionelle Kaffee- und Kuchenzeit sonntagnachmittags.

Ebenso bewundert man als Südländer die „fromme“ Mülltrennung, die meine deutschen Freunde penibel praktizieren, und die Verwendung von Leinentaschen anstelle von Plastiktüten in den Läden. Ihre Umwelt- und Tierliebe ist unübertroffen, die ich bei meinen Landsleuten sehr vermisse.

In Deutschland ist man nicht so schnell per Du miteinander, auch entwickeln sich Freundschaften nicht so schnell. Hast du aber einen wahren Freund gewonnen, so sind seine Hilfsbereitschaft und Verlässlichkeit oft ohnegleichen. All diese Eigenschaften schätze ich bei den Deutschen, und während meiner langen Aufenthaltszeit in diesem Land habe ich die meisten selbst übernommen.

Andererseits neigt der Deutsche aus meiner Sicht zu einer gewissen Starre und einem Mangel an Flexibilität, gepaart mit einem Hang zur Besserwisserei und Arroganz. Hier und da würde ich mir mehr Zivilcourage und beherztes Eingreifen wünschen, wenn es darum geht, Mitmenschen in Notsituationen zu helfen.

Dennoch, die Kritik in Griechenland, der Deutsche sei kalt, hartherzig und unsolidarisch, teile ich keinesfalls. Diese antideutschen Klischees und das aktuelle „hässliche“ Bild des Deutschen in Griechenland sind vielmehr ein Produkt der aktuellen politisch-wirtschaftlichen Situation meines Geburtslandes und als Reaktion zu verstehen auf die feindseligen Bilder des faulen, bettelnden und korrupten Griechen, die teils von einer Medienhetze gegen Griechenland gepflegt wurden. Ich bin fest davon überzeugt, dass wenn sich die Wogen hier und dort geglättet haben, der Pragmatismus im politischen Diskurs Einzug halten und die traditionelle Freundschaft zwischen Griechen und Deutschen wieder ihren alten Stellenwert zurückgewinnen wird.

Überheblichkeit ist im Miteinander kein guter Ratgeber. Sonst läuft man Gefahr, das Ziel aus den Augen zu verlieren, das Ziel, ein gemeinsames Haus zu bauen, in dem die Bürger der Europäischen Gemeinschaft und andere mit ihren kulturellen und sprachlichen Eigenarten, mit ihren besonderen Fähigkeiten und Problemen in friedlicher Koexistenz und gegenseitigem Respekt zusammenleben. Das Solidaritätsprinzip fand in der Anwendung auf die deutsche Einheit erfolgreich statt. Was spricht dagegen, dass der Geltungsbereich dieser Solidarität unter Umständen auf die gesamte Europäische Union ausgeweitet wird?

Mehr voneinander zu lernen, die Griechen von den Deutschen und die Deutschen von den Griechen, halte ich für den besten Weg dorthin, eine *coniunctio magna* (Verbindung) der positiven Eigenschaften beider Völker, also eine Art Greco-Germanicus, wenn mir der Ausdruck erlaubt wird. Unser Augenmerk sollte stets auf das Verbindende und nicht auf das Trennende gerichtet sein. Übertreibungen oder eingeschränkte Sichtweisen der Dinge sollten auf jeden Fall vermieden werden.

Der griechische Philosoph Kleovoulus gab uns schon vor etwa drei Jahrtausenden den Rat:

„Μέτρον ἄριστον“ („*Metron ariston*“), dt.

„Maßhalten ist das Beste.“

Epilog

Meinen Beitrag über die griechische Sprache und ihren Einfluss auf das Deutsche möchte ich mit einem kurzen Gedicht[32] über die Griechen schließen, welches dem großen Poeten, Literaten und Philosophen Friedrich von Schiller angedichtet wird:

„Verdammter Grieche, wohin ich mein Denken drehe, wohin ich meine Seele wende, sehe ich dich, finde ich dich.

Sehne ich mich nach Kunst, Poesie, Theater, Architektur, bist du davor, erster, unübertroffen.

Suche ich nach Wissenschaft, Mathematik, Philosophie, Medizin, bist du führend und unüberwindlich.

Durste ich nach Demokratie, Gerechtigkeit und Gleichheit, bist du vor mir, konkurrenzlos.

Verfluchter Grieche … Verfluchtes Wissen. Warum soll ich dich berühren?

Um zu spüren, wie klein ich bin, unwichtig, unbedeutend?

Warum lässt du mich nicht in mein Elend und in meine Sorglosigkeit?“

Eigene Übersetzung:

«Καταραμένε Έλληνα! Όπου να γυρίσω τη σκέψη μου, όπου και να στρέψω την ψυχή μου,

εσένα βλέπω, εσένα βρίσκω ...

Αν τέχνη λαχταρώ, Ποίηση, Θέατρο, Αρχιτεκτονική, εσύ είσαι εμπρός μου, πρώτος και αξεπέραστος!

---

32 Quelle: Karamaskos.blogspot.de/2012/04/friedrlich-schliller.html, Stand: 01.04.2012
Heute leben über 10,5 Millionen Griechen in Griechenland und auf Zypern. Ungefähr 7 Millionen Menschen außerhalb Griechenlands und Zyperns bezeichnen und empfinden sich ebenfalls als Hellenen.

Αν Επιστήμη αναζητώ, Μαθηματικά, Φιλοσοφία, Ιατρική, εσύ κορυφαίος και ανυπέρβλητος!

Αν για Δημοκρατία διψώ, Δικαιοσύνη και Ισότητα, εσύ ξανά μπροστά μου ασυναγώνιστος και απαράμιλλος! Καταραμένε Έλληνα, καταραμένη γνώση. Γιατί να σε αγγίξω;

Για να αισθανθώ πόσο μικρός είμαι, ασήμαντος και τιποτένιος;

Γιατί δεν με αφήνεις στην δύστυχη ανεμελιά μου;»

Konnte ich Sie mit meinen Ausführungen überzeugen, dass vieles in der deutschen Sprache griechische Wurzeln hat? Die griechische Sprache lebt nicht nur in Griechenland, auf Zypern und in der griechischen Diaspora weiter. Vielmehr sind ihr Alphabet, ihr Wortschatz, ihre Syntax, ihr literarischer Einfluss nicht nur im Deutschen, sondern in allen europäischen Sprachen und somit in vielen Sprachen der Welt lebendig.

Eine Anekdote zum Schluss

In einem Restaurant dinieren ein Franzose, ein Österreicher, ein Deutscher und ein Grieche.

Plötzlich betritt ein Wunderheiler, der heilige Antonius, das Restaurant, erschöpft, hungrig und durstig.

Der Franzose bestellt sofort für den Heiligen ein Croissant und einen Rotwein. Der Heilige – zufrieden – fragt ihn, was er denn für ihn tun könne. Der Franzose, geplagt von einem Hyperthermie-Problem, bittet den Wunderheiler, ihn von seiner Plage zu befreien. Der Heilige befreit ihn mit lediglich einer Berührung von seiner ständigen Überhitzung.

Der Österreicher spendiert ein Wiener Schnitzel und eine Brezel und wünscht sich, seine Arthritis loszuwerden. Mit einer Berührung heilt der Heilige Antonius ihn von seinem pathogenen Leiden.

Der Deutsche bestellt ein Bier und eine Currywurst. Der heilige Antonius, sehr erfreut darüber, fragt ihn, welchen Gefallen er ihm tun könne. Der Deutsche erzählt von seinem Rheumaleiden. Der Heilige berührt ihn und das Rheuma verschwindet im Nu.

Dann ist der Grieche an der Reihe: Er spendiert einen Ouzo und sagt zum heiligen Antonius: „Lass die Hände unten, berühre mich nicht! Morgen trete ich vor die Rentenkommission, um eine vorzeitige Invalidenrente zu bekommen."

Literaturangaben

- Antoniadou, Christina; Kaltsas, Petra: Lexikon der idiomatischen Redewendungen. Griechisch-Deutsch / Deutsch-Griechisch. Köln, 1994

- Buscha, Joachim; Helbig Gerhard: Deutsche Grammatik. Ein Handbuch für den Ausländerunterricht. 12. Aufl., hrsg. VEB Verlag Enzyklopädie Leipzig, Leipzig, 1989

- Duden. Die deutsche Rechtschreibung. 26., völlig neu bearb. und erw. Aufl., hrsg. von der Dudenredaktion (= Duden, Bd.1). Dudenverlag, Berlin, 2014

- Faulkner, William: Zitate und Sprüche. Internet: http://www.zitate.eu

- Konstantinidis, Aristidis E.: Die ökumenische Dimension der griechischen Sprache. o. O., 2003

- Krämer, Walter: Typisch deutsch. Was uns von anderen unterscheidet. University Press, Berlin, 2013

- Kussl, Rolf: Wir sprechen alle Griechisch. In: Kussl, Rolf (Hrsg.): Lateinische Lektüre in der Mittelstufe (2008). DIALOG Schule und Wissenschaft. Bd. 42, Speyer, 2008, S. 249

- Marktforschung. Das Portal für Markt-, Medien- und Meinungsforschung: Deutschland ist ein Auswandererland. Internet: htttp://www.marktforschung.de/nachrichten/marktforschung/deutschland-ist-ein-auswandereland/2008/02/14

- Meyer, Leo: Handbuch der griechischen Etymologie. 4 Bände, Leipzig, 1901/1902

- Müller, Wolfgang: Duden Band 8 – Bibliographisches Institut AG, Mannheim 1972

- Dimou, Nikos: Wir denken mit dem Gemüt. In: Der Spiegel (2012-06-04), 23/2012, S. 98

- Schönberger, Otto: Hesiod. Theogonie. Griechisch/Deutsch. Philipp Reclam jun. 2002

- Soboczynski, Adam: Das Ansehen der Deutschen – Die Ungeliebten. In: Die Zeit (2015-07-23), Nr. 30, S. 39

- Stathopoulos, Nikos: Lexikon der Synonyme und Antonyme. Savvalas, Athen, 2005

- Terz, Panos: Deutsche und Griechen – Mentalitätsunterschiede – Eine komparative ethnologische Untersuchung. Blog.panosterz.de, Stand: 09.06.2014

- Wahrig-Burfeind, Renate (Hrsg.): WAHRIG. Deutsches Wörterbuch, 8. Aufl., WissenMedia, Gütersloh/München, 2008

- WIKIPEDIA, Die freie Enzyklopädie. Internet: http://www.wikipedia.org

- wissen.de-Redaktion, Wissenschaft und Kultur der alten Griechen. Internet: http://www.wissen.de/wissenschaft-und-kultur-der-alten-griechen, Stand: 31.07.2015

- ZEIT ONLINE: Deutschenbild: Das ist ja typisch. Internet: http://www.zeit.de/campus/2007/04/doktorarbeiten-typisch-deutsch Stand: 24.07.2015, S. 1

Bildnachweis

U1	Iaconovo, fotolia.com
S. 7	Cienpiesnt, fotolia.com
S. 9	oxygen64, fotolia.com
S. 11	sararoom, fotolia.com
S. 13	Piotr Silizewski, fotolia.com
S. 15	tawesit, fotolia.com
S. 17	tuna, fotolia.com
S. 22	Igor Zakowski, fotolia.com
S. 38	Agungmalang, fotolia.com
S. 40	Iaconovo, fotolia.com
S. 44	freehandz, fotolia.com
S. 62	Stockakia, fotolia.com
S. 66	Iconovo, fotolia.com
S. 67	Seamrtini Graphics, fotolia.com
S. 70	Corythoman, fotolia.com

Über den Autor

Konstantinos Feslidis wurde im Oktober 1959 in Drama (Griechenland) geboren. Seine Eltern wanderten 1960 nach Deutschland aus und so wuchs er bei seinen Großeltern auf. Nach dem Abitur im Jahre 1977 ging der Autor ebenfalls nach Deutschland und studierte an der Ruhruniversität Bochum Germanistik und Neugriechische Philologie. 1993 legte er erfolgreich seine Prüfung zum Übersetzer und Dolmetscher ab. Konstantinos Feslidis arbeitet seit langem als selbstständiger Dolmetscher und Übersetzer für die Polizei, Gerichte, Großfirmen und andere Institutionen, aber auch für Privatpersonen. Im Jahre 1998 erhielt der Autor die deutsche Staatsangehörigkeit. Er ist verheiratet und lebt mit seiner Frau in Mönchengladbach.

Die Rezensionen in voller Länge

„Kostas Feslidis gewährt dem Leser einen humorvollen, amüsanten und sachkundigen Blick auf die europäische Geschichte, deren Ausgangspunkt Hellas ist. Mittels einer ausgiebigen Sprachanalyse gelingt es dem Autor Verbindungslinien zu ziehen, die von Homer bis zu Angela Merkel reichen. Eine informative Arbeit, die den Leser überrascht sowie mitreißt!"

Ahmet Bayat, Mönchengladbach
Abiturient

„Dem Autor Kostas Feslidis ist die Quadratur des (philologischen) Kreises gelungen. Er hat mit griechischen Wörtern ein sehr interessantes, deutsches Buch geschrieben. Einfach phantastisch!"

Dominik Grigoriadis, Berlin
Mathematiker

„Während meines Philosophiestudiums wurde mir bewusst, dass unser heutiges abendländisches Wissenschaftsverständnis u. das transzendentale Denken ihre Wurzeln in der hellenischen antiken Philosophie haben. Deshalb habe ich die Arbeit von Kostas Feslidis mit großem Interesse gelesen: Seine präzise Sprachanalyse evaluiert diese Vernetzung und Vergleichbarkeit des gemeinsamen kulturellen Hintergrundes mit einer Prägnanz, die den Leser auch das ein oder andere Mal schmunzeln lässt."

Gisela Lettgen, Mönchengladbach
Oberstudienrätin